誰も「戦後」を覚えていない

鴨下信一

文春新書

468

誰も「戦後」を覚えていない／目次

東京駅を出る買い出し列車

終戦直後の厳しい食生活（毎日新聞社提供）

昭和21年、新宿駅東口に30軒出店した闇市（毎日新聞社提供）

美空ひばり

玉音放送を聞く人たち（毎日新聞社提供）

プロ野球・東西対抗戦（昭和21年）の川上哲治（毎日新聞社提供）

ラジオ番組「話の泉」の公開録音
（毎日新聞社提供）

本土空襲（東京・神田）

はじめに

森内俊雄さんの「旅」という詩は、こんなふうにはじまる。

ほんとに大切で哀惜きわまるものは　忘れるにまかせることだ　日記なんかに書きとめる
な　大切なことは　ほんとうは忘れなくてはならないのだ

ぼくたちが生きてきた戦後のことは、さまざま書きとめられて、いまでも読むことが出来る。ところが不思議なことに、その中でも何べんもくり返し思い出され、何べんも語り返されているものもあれば、いつしか語ることを止め、書かれなくなるものもある。

その〈忘れてしまった戦後〉から、いくつかひろって書いてみたい。忘れたこと、忘れた部分を書いてみたい。忘れてしまったものの価値はこの森内さんの詩のとおりだ。

個人も日本も一番苦しかった時代

しかし、いまやぼくも本当にものを忘れてしまいそうな年齢になってきた。昭和10年生れだから、終戦の年は国民学校の五年生である。東京の下谷《したや》というところで文房具・度量衡《どりようこう》（ものさし・はかり等）を商う商家で育ったが（国民学校の後輩に俳優の伊東四朗さんがいるといえば、土地がらがわかるだろう、純粋の下町だ）、終戦の詔勅を聴いたのは群馬県の山の奥だった。

父も母も弟もいない単身の疎開。父は兵隊にとられて、帰還するのは戦後ずっとたってからだ。シベリヤに抑留されたのだ。ぼくは母や弟と離れてひとりで鎌倉・高崎と親戚を縁故疎開してまわり、とうとう母方の祖父母が疎開していた農家に、これも単身ころがりこんだ。

終戦でやっと母・弟と三人で暮らせるようになったが、これも高崎の親戚での間借り、そのうち中学進学となって、東京の親戚のところへまたまたひとりで預けられ、父が復員してやっと一家四人が暮らせるようになったが、これまた親戚の間借り生活だった。やっと何とか間借りを脱却出来るまで、朝鮮戦争がはじまって特需が起り、復興のきざしが見えるまで、個人も日本もいちばん苦しかった時代のことを書いてみたい。

今から考えると、そんなに長い期間ではない。しかしぼくの感覚では（おそらくこの時代に生きた誰もがそうだろうと思うが）、こんな長くていろいろなことのあった時代はない。

これ以後日本は急速に復興するが、同時に急速に変貌する。そこまでの日本の姿を書いてみたい。

ジオラマ風に戦後を見れば

ぼくは〈ジオラマ〉という装置が好きで、この本もジオラマ風に書いてみたかった。背景の前に物や人物像を置いて照明を当て、実際の光景のように見せる。実際の光景といっても、それはしばしば幻想めいている。かと思うと実際以上に妙に現実感があったりもする。忘れかけている物や事件を、戦後という背景の前に並べてみたい。

子供のころよく見たジオラマ展示が教えてくれたのは、通俗だが印象に残る〈身近な歴史〉が多かった。身近な歴史だからこの本にはぼくの個人史がずいぶん入っている。個人史は人によって千差万別で、いやそれは自分の経験とちがうといったことがいくらもあるだろう。しかしどうも、こうしたスタイルで書くより仕方がない。

当然のことながら、多くの人が調べ、書いてくれた資料がなければこんなものは書けない。引用させていただいたもの以外にもたくさんの本が力になってくれた。こうした資料もどんどん手に入りにくくなってゆく、記憶もまた薄らいでゆく。あの時代に生きた人間が、それも子供の眼で見た、自分をとりまく戦後はこんなふうだった、と書いておきたい。玉音放送から食糧難、交通地獄、闇市、犯罪、そして文化、部門部門の研究はいまでも充実した本が出版されているけれども、包括的なあの時代の生活感覚を（それこそジオラマ風に）書いたものは少ないのだ。

ここで扱っている戦後は終戦直後のごく短い期間が中心だ。ぼくは戦後は三つの時期に分けられると勝手に決めている。まず「敗戦後」、これは昭和25年に朝鮮戦争がはじまってその特需で日本がやっと息をつくまで。次の時代が「終戦後」。

そして昭和31年〈もはや戦後ではない〉が流行語となってから以降今日までが本当の「戦後」（だから「戦後」という言葉はしばしば二つの意味で使われている。広い意味とせまい意味と）。

この本が描いているのは主として〈敗戦後の日本〉だ。たった5年だがとても長い5年、単純に見えて複雑な5年だ。

多面体だったあの時代

ぜひこの時代のことを何も知らない人たちに読んでもらいたい。ぼくは結局テレビの演出家になったが、特に同業の演出にたずさわる若い人たちには、もしこの時代のドラマを演出する機会があったら参考になるようにと思って書いた。

戦後のことを、自分で経験はないけれども本や映像で知った人たちにも、そして興味を持った人たちにはぜひ読んでいただきたい。本で読んだ既成観念とはずいぶん違うことが書いてあるかもしれない。この時代は〈多面体〉で、いくらでも異なる角度から眺めることが出来るのだ。

風呂と風呂敷

——それを盗みとは言わない

♪お殿様でも家来でも
お風呂へ入るときァ　皆はだか
裃《かみしも》脱いで　袴も捨てて
歌の一つも　浮かれ出る

この歌は、ふるい白黒の日本映画の中で唱われている。といっても覚えているのは、それが入浴シーンなことだけだ。

風呂に入っているのは、お殿様だ。といっても時代は現代、それも昭和の終戦直後で、華族の爵位の特権も財産もすっかり失った裸一貫のお殿様。だいたい入っている風呂が露天のドラム缶風呂で、下で火を焚いている人物は家令《かれい》とか執事とか呼ばれる人物、これも昔なら側用人とか家老とかの地位ある人で、本来ならこんな仕事をするはずもない。それがまことに楽しそうに、この歌を唱っている。

バックには満月に照らされた一面の焼け跡の風景がひろがって——この映画の題名が思い出せない。このシーン以外の場面もまたいっこうに記憶がよみがえらない。

出ている俳優は、お殿様が日本映画最大の美男スター長谷川一夫、家令のほうは日本最高のコメディアン古川ロッパ……記憶ではこうなっているのだが、これはそうだったらいいなという希望が凝り固まった幻想だろう、どう調べても何という映画だったか調べがつかない。

それでも歌の文句も、いやメロディも、ちゃんと覚えていて口をついて出てくる。ほんとうにこんな映画が存在したかどうかもあやしくなってくるのだが、このワン・シーンだけが鮮やかに浮んでくるのは、これがまさに戦後の民主主義を絵に描いたようなシーンだからだろう。

戦前は内湯が少なかった

映画は記憶の闇の中だが、こんな風景は当時どこでも見られた。ドラム缶風呂はぼくも入ったことがある。五右衛門風呂（盗賊石川五右衛門が釜ゆでの刑に処されたのでこの名がある）と同じで底板が浮いている。入る時これを踏んで底まで着けておかないと、直火《じかび》で下から焚いているから足の火傷は当り前となる。

もちろん風呂場なんてありはしない。吹きさらしの露天だが、人目も何もかまっていられない。終戦直後進駐してきた米軍兵士が撮った、焼け残りの水道管からふき出る水で体を洗っている裸の日本人女性の有名な写真があるけれども、日本人の清潔好きは羞恥心より強かったのかもしれない。行水やドラム缶風呂では我慢出来ないから、銭湯の復興は早かった。

いまの若い人にわからないことの一つに、戦前の日本には内湯《うちゆ》、家の中に入浴設備を持っている家庭がごく少なかったことがある。特に下町では相当な家の者でも銭湯に行くのが普通だった。内湯の本格的普及は団地が建ちはじめ、各戸に風呂が付くようになってからだろう。もちろんこの当時、住む家もないのだから内湯なんてとんでもない。たまたま焼け残って家に風呂があっても、燃料がない。銭湯も同様で燃すものの不足で、営業が何日かおきだったり、ひどく短い営業時間になる。使うお湯も一人につき小桶何杯と決められていた。開いている少数の風呂屋に、人々は押しかけた。

なぜ風呂敷を持つのか

この当時の入浴風景を再現しようと思ったら、まず〝芋を洗うような〟大人数の入浴客を用意しなければならない。

そして〈風呂敷〉を持たせること。

なぜ、風呂敷か。これが〈忘れていること〉だ。

盗難防止のため。銭湯へ行った時の最大の問題は〈盗難〉だった。脱衣場で脱いだ衣服をこの風呂敷で包むのだ。

脱衣場に籠《かご》が数少なかったこともある（もちろんいまのようにロッカーなんてものはない）。しかし、もし幸運にも籠が手に入れられたとしても、風呂敷に包んでから籠に入れた。こうすると盗難が防げる。なぜか。

物資不足のこの時代に盗難が多かったことは想像出来るだろう。いや、多かったというようなものじゃあない。それは日常だった。毎分のように盗難が起っていたことを、もう忘れている。

それは不思議な犯行だった

忘れていることが、もう一つある。犯人はいまのように社会の中の少数の人、ではなかった。日本人一億が総犯人だったといってもいい。このことは、もっと、忘れられている。

それは不思議な〈犯行〉だった。

〝板の間かせぎ〟といって、昔から銭湯では盗難が多かった。しかし当時金銭・貴重品をそんなところに持ってゆくはずもない。ねらわれるのは衣類、これが貴重品だった。

といって、丸ごと着て来た衣類が盗まれるということは、まずなかった。たいていは一枚だけ、（いいものが）盗まれるのだ。たとえば、なけなしのセーター、これだけが抜かれて盗まれる。犯人はこのセーターを着て、あるいは子供ものだったら、つれて来た子供に着せて、その上から何かまた羽織らせて、わからなくして出て行く。

籠にバサッと放り込んだだけの衣類では、この犯行はじつに容易《たや》すい。風呂敷に包めば、ここから抜き出すのは急に難しくなる。何しろこちらは洗い場に入っても湯舟に入っても、目線はしっかりと脱衣場の自分の荷物に注がれているのだ。わが家から持って来た風呂敷は、特徴も見覚えもあって、まことに監視しやすい（ついでに解説しておくと、風呂敷だけはどの家庭にも何枚もあった。空襲に追われ、住宅難に追われ、しじゅう引っ越しをしていたせいだ）。何人かで入浴した時は、一つの大きな風呂敷に包む。包みが大きい程、遠くからよく見える。

外で脱ぐ履物（靴なんかズック靴だって履いてゆかない、たいていは下駄）はもうあきらめていた。すり減った、チビた、古い下駄を履いてゆく以外にない。そうすれば取り換えられないですむ。雨の日の傘も同じ。

盗むのではない、取り換えるのだ

〈取り換える〉――これも当時を語る一つのキイ・ワードだ。盗むのではない、盗まれるのでもない、取り換えられるのだ。被害の大多数はこれだった。

被害者は即座に加害者に変る。こちらも良い下駄に取り換えるチャンスをねらっている。ぼくもやったことがある。

記憶では、最初は盗まれないように履物を脱衣場まで持ち込んでいた。その後誰もそうしなくなったのは、この、自分も取り換えてもいいんだ、盗みではない、これは取り換えだ（だから被害者が帰りに裸足で帰るなんてことがないように、自分の古い、チビた下駄は残して置く）……皆がこの意識を持って暮らしていたことの証拠だろう。あるいは、こう言い直した方がいい。そうやって盗みの意識をごまかすことに皆が慣れていた。社会のルール化していたと言ってもいい。

不思議なことに、いま、この豊かな社会では自転車がそうだ。駐輪した自転車はすぐ誰かに乗ってゆかれてしまう。誰も探そうともしない。代わりにそのへんの他人のを〈取り換えて〉乗ってゆく。

下駄を取り換えて履いて行けば、咎《とが》められた時、間違えて履いてしまいましたと言い訳が出来るとか、衣類を一枚だけ盗って下に着込めば見つかりにくいとか、そういう現代の日でこれを見てはいけない。ことはもう少し、心の奥底のことだ。

このイジましい盗みは、なにか涙が出そうだ。盗みではない、盗みではないと、自分に言い聞かせながら一億の日本人が盗み盗まれている光景は、今から見ると笑い話のようだが、貧困とはこんなものだ。

敗戦時の盗みは、とても特殊なものだ。だいいち「盗む」という言葉はあまり使われなかった。

「持ってかれちゃった」

「取り換えられた」

「員数《いんずう》をつけられた」

「借りられちゃった」

「ちょっと失礼して、お借りしとこう」

「まあ、これくらい、いいでしょ」

「すこし融通《ゆうずう》してもらおう」

ぼくの周囲で、いろんな人が物を盗んでいた。子供のぼくは黙って見ているだけだったけれども、その時その人々が言い訳のように言っていた言葉、盗まれてがっかりしている人たちが発した言葉は、よく覚えている。

もっとも間借りしている親戚の米びつから、母親が米をかすめ取っている光景を見たときは、本当にこたえた。それでもぼくは「そんなことするなよ」と止めなかった。生きてゆかなければならなかった。

敗戦のレシピ
――代用食を美味しく食べる方法

勝手に敗戦・終戦・戦後と時代区分を立ててみたが、この本で主として取り扱う最初の5年、昭和20年〜25年〈敗戦期〉の日本人の生活の最大関心事は「なんとか餓えないですむか」「腹いっぱい食ってみたい」ということだったことに異論はあるまい。

あの食糧難でどうやって美味しく食べたのか

この時期の食の困窮ぶりは、もう数多く書かれていて、いまさら〈忘れようにも忘れられない〉。忘れていることがあるとすれば、どうやってあの食糧難の時代に〈美味しく食事をしたか〉ということだ。

逆説ではない。本気で母は、母代わりの縁故疎開先での伯叔母たちは、美味しい食事を家族に食べさせようとしていた。どこの家でもそうだったろう。

ただこの美味しいには〈腹いっぱい食べる〉ことが含まれるという注釈がいるのだろう。腹いっぱい食べることがイコール美味しいことだった――この実感が〈忘れられている〉。

ここに一冊の本がある。『復刻　昭和二十年八月　食生活指針』（農山漁村文化協会）。原本はまさにこの年静岡県が作成したもので、昭和20年8月15日の日付けの序文がついているという珍しいもの。この時期、よく出版されたものだ。

そのいちばん最初に〈国策炊《だ》き〉というのが載《の》っている。戦時中そろそろ米不足、食糧不足が兆候をあらわしたころ政府が普及させたがった炊き方で、書かれているレシピを読んでいるうちに思い出した。たしかにわが家でもやったことがある。この炊き方だと大幅に炊き増《たぶ》えがするのだ。

『食生活指針』に書かれている国策炊きとはこんなものだ。

玄米でも七分搗《つ》きでも同様、米を水に漬け、浮き上がった塵を流す程度にして笊《ざる》にあげて、水を切らずにそのまままちょうど二〇時間おいて炊き出す。この間に充分に水を吸った米は成分を最高度に膨脹させるのである。（略）

火は最初は強火として炊くが、沸騰してふきこぼれそうになったら竈《かまど》の火を引き二分の一程度を、木炭で七輪のときは炭二ツ三ツを残して竈の戸を締め切り、竈の中をほとほととした暖か味を持たせたまま、五〇分以上釜を掛けはなしにしておく。

最後に釜の下ろし際に、ほっこりした御飯の味を一層生かすために新聞紙一枚くらいを燃やす。この炊き方で二割以上増えることは間違いなしで……。（以下略）

楠木正成発案!?の〈楠公飯《なんこうめし》〉

いまの人から見れば何ともイジイジしたことで、水を吸って米が膨張しただけの話じゃないかといわれそうだが、さし当っての満腹感が（特に子供たちには）大事だった。じつは腹はすぐ減るから、まったく無益なのだが。

この炊き方自体はもともと玄米の炊き方で、一度沸騰させ、水を吸収させてからもう一度仕上げ炊きをするのだ。

斎藤美奈子『戦下のレシピ』（岩波アクティブ新書）によると〈楠公飯《なんこうめし》〉というのもあったという。戦争中なにかと引き合いにだされた南北朝期の忠臣楠木正成《くすのきまさしげ》の発案というふれこみで、これは玄米をまず炒《い》って二倍の水に一晩漬けてから炊く。一升の米が三升釜いっぱいに炊き増えするそうだ。

たしかにこれも食べたことがある。どうにも苦《にが》くって一度でわが家の食卓から消えた覚えがある。

六大都市を中心に米の配給通帳制が始まったのは昭和16年の4月、太平洋戦争開戦の8ヶ月ほど前だった。一人一日当り2合3勺（330g）。この年、お菓子も割り当て制になった。東京では一ヶ月に1円15銭分。香辛料も配給制になり、卵も餅も配給に。

配給米は配給がはじまった時は七分づき米だった。七分づきといってもいまの人には解説がいる。ぬかの部分を全部取り除けば白米。七割除いたのが七分づき、取り除いてないのが玄米。昭和18年には七分づきが五分づきになる。まもなく玄米になった。当時の東条首相がさかんに玄米は栄養価が高くて体にいいと宣伝していたのを思い出す。本当はつき減《べ》りする分を一日当りの量にくり入れようという魂胆《こんたん》だった。

玄米は消化が悪くてしばしば下痢の原因となる。圧力鍋で炊いても、それこそアゴがひだるくなるまで噛まないといけない。噛むから栄養にいいといわれても、とてもたまらない。そこで一升瓶の中に玄米を入れ、瓶の口から細い竹の棒を差しこんで（たいてい掃除の時使うハタキの柄だった）これをつく。子供や老人がよくこれをやらされた。テレビや映画の戦時下ものに出てくる光景だが、ひどく疲れる割りにぬかは除《と》れず、させられるのは本当に嫌だった。

これから後も出てくる敗戦時のレシピは、その非能率、手間が馬鹿々々しくかかることで現代人を驚かすだろう。それでも皆一生懸命一升瓶の米つきをやったのは、強力な〈白米信仰〉があったからだと思われる。これもいまの人には想像がつくまい。日本人は米の飯、それも

〈銀シャリ〉と呼ばれる白米の飯に対する強烈な嗜好があった。もっとも食糧が不足したのは昭和21年で、有名な〈米よこせメーデー〉（食糧メーデー）が起った。この時もスローガンが〈米よこせ〉だった。米の呪縛とでもいおうか。

戦前から米は足りなかった

柳田国男の著作などを見ると、たとえ都会でも日本人の間にこれほど白米食がゆきわたったのはそう昔のことではないという。柳田はいう。

「明治以降の日本の食物は、ほぼ三つの著しい傾向を示していることは争えない。その一つは温かいものの多くなったこと、二つには柔らかいものの好まるるようになったこと、その三にはすなわち何人も心付くように、概して食うものの甘くなってきたことである。これに種目の増加を添えて、四つと言ってもよいのかしらぬが……（以下略）」（『明治大正史　世相篇』講談社学術文庫）

またこうもいう。

「目に見えて飯は白くなった」

「米しか食わない人の数がまた激増して、粗悪な外国米が山奥にも運び入れられることになった」

「米以外の食品の研究と改良とが、まったく進まなかった」

こうして白米食は日本人の食そのものとなった。

戦前からすでに日本の米の消費量はその生産量を大幅に上廻っていた。この差を埋めたのは朝鮮などの植民地の米生産だが、戦局が不利となってゆくにつれて輸送がきかなくなった。戦争末期の昭和20年の7月から米の配給量は315gになり、しかも全部米ではない、四割、ひどい時は五割麦その他の雑穀が混じった。

もう炊き増《ぶ》えなどでごまかすような状態ではなくなって、とっくに世の中は〈混炊〉の時代に入っていた。

まるで『おしん』の〈大根めし〉

あの国策炊きの後半は、実はこうなっている。

玄米を早く炊き上らせるためと、玄米の栄養上の欠点を補う意味で大根を入れて炊くとよい。大根を縦一分五厘くらいの厚さの短冊に切り、これをまた一分五厘くらいの幅にきざみこみ、適宜に一分〜一分五厘くらいの長さにきざむと米粒の二倍くらいの大きさの大根のさいの目ができる。

玄米一升、さいの目大根、玄米の二割五分くらい、水加減一升七合くらい。大根と玄米とをよく混ぜ、強火で炊く。

玄米飯はできるだけよく噛んで食べることである。口の中で噛んで無くなってしまってから次の飯を口に入れる。この際お茶づけにしたり、味噌汁と一緒にのみこんだりしてはならない。

これはまるごと『おしん』の〈大根めし〉だ。戦争は日本人の食事を明治以前に押し戻した。豆、いも、かぼちゃ、とうもろこし、ひえ、あわ、きび等の雑穀（麦などもったいなくてこの中には入れられない）、その他の野菜類、混炊の材料はいろいろあったが、高粱《コーリャン》、あれには困った。どうやっても排便の時そのまま赤い粒々が出てきてしまうのだ。

ひえ・あわ・きび、いずれも慣れない混炊で下痢・腹痛をおこした。そこで奨励されたのが〈粉食〉だ。粉食となればもともと麦があるし、そばもある。これにさまざまの粉を混ぜればいい。うどん・そばのようないちいち打って、のばして、切る手間をはぶき（しかも他の粉を混ぜるとボソボソしてのばせない）、ほとんどが例の〈すいとん〉になった。いまだにどんなにぜいたくに味付けしてもすいとんは嫌だ、という人がぼくの同年配にはたくさんいる。

ところが粉食の困るところは〈調味料〉、味噌とか醬油、油、その他が必要になることだ。

すいとんのような汁物にしないでパンにしても焼餅のようにただ焼いてもつけるものがいる。これが欠乏した。

いまではあまり言及されないが、この悩みは深刻だった。何もつけずにフスマ入りのボソボソした自家製のパンを食べる不味《まず》さには涙が出た。

代用醤油の作り方

よく〈甘味〉のなくなったこと、砂糖が手に入らず乾燥芋の甘さが有難かったことなどの回想を読むけれども（ぼくもこう書きながら塩味の牡丹餅《ぼたもち》の、なんともいえない味が口中に再現されて困っている）、味噌・醤油のことはあまり聞かない。欠乏しなかったわけではない。皆忘れているのだ。『戦下のレシピ』には婦人雑誌からの引用として、こんな作り方をのせている。

〈代用醤油の作り方〉

濃い塩水で昆布《こんぶ》、若布《わかめ》、ひじきなど何でもいいですから海藻類を気永に煮込みますと、色といい味といい醤油に近いものができます。このとき炒り大豆を一緒に入れて煮るといっそうよく、煮た汁を同量の配給醤油と混ぜ合せると、さらに上等なものになります。あとの海藻や大豆は少々硬いですが、そのまま食べられます。

〔配給の味噌を二倍にする法〕

配給の味噌に同量の漉芋《こしいも》と、味噌一〇〇匁《め》(三七〇g)に対して一五匁(五〇g)から二〇匁(七〇g)の塩を合せてよくかき混ぜ、これを湯たんぽの上にのせて毛布か蒲団《ふとん》でしっかり包み、二日間ほど適当な温度を保ちつづけるようにしておくと(冬なら湯を替えて冷めないようにする)、これで簡単に倍量の味噌ができています。

この味噌は比較的永くおいても黴《か》びず、また漉芋は甘藷を使うと一番甘く美味しくできます。

濃い塩水というのは海水だろう。湯たんぽの上に乗せてというところで思い出した。もう一つ重要な不足物資は〈火―燃料〉だった。せめて温かくないと代用食はとても食べられなかった。ところが燃料がない。そこで〈保温装置〉、といっても蒲団や布きれでぐるぐる巻きにする等の工夫がいつでも要求された。

昭和20年の未曾有の凶作

事態はひどくなる一方だった。

食糧難の第一の原因はもちろん戦時中の軍需優先の生産体制で、召集と徴用とで農村の人手不足が深刻化したこと、そして敗色濃厚のなか輸送・配給のロジスティックスが機能しなくなったことだが、外地からの復員、引揚げによる人口増がこれに追討ちをかけた。しかし食料不足のどん底の年、昭和21年の飢餓状況に決定的だったのは昭和20年の未曾有《みぞう》の凶作（大正・昭和期を通じて最大）で、米の収穫量は587万トン（前年比68.8％）、供出量は予定量のたった23％だった。これではたまらない。

例の『復刻　食生活指針』巻末に松下幸子さんの解題があり、その中に「昭和21年8月のとくに食料不足の5日分の献立」がある。引用させていただくと——。

8月4日

朝　すいとん（大麦粉・ジャガイモ・ツルナ）

昼　蒸ジャガイモ、みそ汁（ナス・ツルナ）、ニシン焼物

夕　雑炊（大麦・米・ジャガイモ・ネギ）、すいとん（小麦粉・片栗粉・ジャガイモ・タマネギ）

8月11日

朝　雑炊（大麦・米・ナス・インゲン）

昼　すいとん（大麦粉・インゲン・カボチャ）
夕　まぜ飯（米・大麦・昆布・トウモロコシ）、ナス油いため、漬物（ナス・シロウリ）、トマト
間　パン（材料不明）

8月15日
朝　雑炊（米・大麦・ジャガイモ）、梅干
昼　煮込うどん（うどん・ジャガイモ・ナス・インゲン）、ふかしまんじゅう（小麦粉・小豆）
夕　まぜ飯（米・大麦・ジャガイモ）、油炒め（ナス・インゲン）、漬物（ナス・シロウリ）
間　するめ

8月27日
朝　雑炊（大麦・ナス・ネギ）、漬物（シロウリ）
昼　焼きパン（大麦粉・ネギ）、スープ（カボチャ・ネギ・煮干）、煮物（ほしいも）

夕　雑炊（大麦・カボチャ・ネギ）、煮物（インゲン）
間　トウモロコシ、マクワウリ、するめ

配給は減配から遅配・欠配となる。21年6月東京都内の遅配は平均18.9日。当然、混炊は雑炊になる。この表はぼくの経験からすると、これでも水準以上の家庭だ。食糧難で政府は10万人以上の人口の都市への転入を禁止するが、そんなことではどうにもならない。前年すでに東京上野駅で一日平均2.5人の餓死者があったと記録にある。餓えないだけでもいい。
都市の空き地という空き地、焼け跡という焼け跡は畑となった。作るものはまず第一がかぼちゃ、そしていも。特にさつまいも。ただし〝実〟だけ食べるわけじゃない。〝かぼちゃは葉っぱも種も食え〟〝いもはつるまで食え〟が合言葉だった。

今では不思議な調理法も

『食生活指針』を読むと、まことにいまでは不思議なことが書いてある。

⑭さつまいも葉の食べ方
①さつまいも葉の採収の仕方

　収穫する際、茎葉をとって左手に茎を持ち、右手で蔓先の方から逆にこくと葉柄と一緒に葉は楽に落ちる。収穫は霜の前がよい。（略）

採収法まで書いてあるのがすごい。誰もこんなことには慣れてなかったのだ。もちろんアク抜きの方法は細かく書いてある。さまざまの代用食物のアク抜き法を教示してあるのが、この時代のレシピの特色だ。

③調理法

　かくして、アク抜きしたさつまいも葉は鮮緑色を呈し、ちょうどほうれんそうの茹でた如くで、調理もこれに準じてよい。蔬菜としては味噌汁の実、おひたし、ごまあえ、佃煮、漬物などに利用する。

　佃煮として擂り潰《つぶ》すとちょうど海苔の佃煮と同様である。

　葉と葉柄と別々に煮れば、葉柄はぜんまいの佃煮に似ている。

　混飯を作るには、これを俎《まないた》の上で叩きあげ、飯に混ぜる。この際、食塩を少し（米一升に二〇グラム）加えると美味しい。（以下略）

〈未利用食糧資源〉の活用も盛んにいわれた。いもの葉やかぼちゃの茎ではとてもすまなくなってきたのだ。未利用食糧とは澱粉資源でいえば、しい、どんぐり、こなら、ぶな、はしばみ、とち、くるみ、ひし、いちょう、葛、かや、くまざさ、すずたけ等。

どんぐりも食用に

『戦下のレシピ』に〝どんぐりも食用に〟という記事(『婦人俱楽部』昭和20年8・9月合併号所載　東京都食糧研究所指導科長・筒井政行述)が引用されている。

どんぐり粉は、そのまま捏《こ》ねて何にでもして食べられますが、どんぐり粉だけの場合は、水で捏ねるとまとまりがわるいから、必ず熱湯で捏ねること。(略)

■どんぐり団子

どんぐり粉に塩を少し入れ、粉の升目《ますめ》の約二分の一の熱湯でよく捏ね団子にまるめて、煮立っている鍋に入れ、浮いたら掬《すく》いあげ、冷水にちょっとつけて水をきり、きな粉をかけるかまたは好みの味で頂く。

こんなに簡単にうまくゆくわけがないのだ。ぼくは経験がある。配給されたどんぐり粉は全然シブが抜けてなかった。種実から渋味をとろうとしたら、とてもシロウトの手に負えない。こうした役人のレシピの無責任なことにはいまさらながら腹が立つ。

前出のいもの葉の調理法もこんなに美味なはずがない。しかしこちらの方は何か一生懸命美味《うま》い、美味いといいつのっているところが何か涙ぐましい。

同じく『戦下のレシピ』に載っている次のような料理（料理ともいえない）をいまの人たちはどう考えるだろうか。

■はまぐり焼（お弁当用）

粉がある時はふくらし粉と塩を加えて手軽なホットケーキのようなものをやき、二つ折りにして中につぶし芋をたっぷりはさんで二つに切ります。ちょうど三角型の底のまるいはまぐりのような形になります。時間があれば火箸をよくやき、はまぐりのような筋目をつければ、見た目も変ってきれいになります。

（澤崎梅子『婦人之友』昭和20年8・9月合併号）

とても理解してもらえないだろうが、ぼくはこのレシピを読んだとき、思わず泣いてしまった。この時代に生きた人間でないとわからない。

実は幻想のレシピだった

このレシピは実は幻想のレシピだ。「粉がある時は」、もうそんな粉はなくなっていた。小麦粉なんかは配給にならない。配給になるのは何の粉かわからない（たぶん海草粉だ）。こんな粉でホットケーキは作れない。ふくらし粉だってない。「時間があれば」、こんな焼き目をつける暇があれば他のことをする。だいいち配給の非能率といったらなかった。ほんの少しのものをもらうために一日中行列しなければならない。いっぺんに物が来ない。ちょっとずつ、それもいきなり通知が来る。すぐ行かなければ受け取れない。一家の主婦の忙しさといったらなかった。

結局、これは単なる「つぶし芋」のレシピなのだ。でも涙がこぼれる。

「とても食べられない」餓えもある

もう一度前掲の昭和21年8月の献立表を見ていただきたい。その単調なこと。来る日も来る日も同じ食事なのだ。腹がいっぱいになる、ならないもあったが、こう単調では〈食べられない〉のだ。餓えていれば何だって食べられる、毎日いもでもいい――そんなことはない。近代の餓えは、贅沢《ぜいたく》でも何でもない、〈とても食べられない〉餓えというのがあるのだ。このことがいまの人になかなかわかってもらえない。わかってもらえないうちに、皆この餓えの実感をだんだん忘れてきている。

たぶん、こんなレシピを実際料理した家庭なんかないだろう。しかし「見た目も変って」というところが、せつない。すこしでも単調さを救ってやりたい、この主婦の、妻の、母の願いが、まことにいじましいレシピとしてあらわれている。そう思ってもらいたいのだ。

進駐軍の放出物資

致命的な飢餓状態を救ったものに進駐軍の放出物資がある。これが配給ルートにのせられてずいぶん助かったことは間違いない。しかし友だちの誰に聞いても、あの〈乾燥卵〉には参ったという。卵の黄味を乾燥させて粉にしてある、これを水に溶かして卵焼きにする。あの時代、天来の美味といいたいところだが、これが不味い。それだけではすまない、これを十日も続けて（これだけを）食べろというのだ。配給の実態はこれだった。あの乾燥卵を食べさせられた人間と、そんなものを知らない年代と、戦後体験はこんなところにもあるのだ。

殺人電車・列車
――混雑と衝動

車内にさがっていた吊り環が、いつの間にかほとんど眼にできなくなった。いつ、だれがそのようなことをするのか、刃物で切り落とされていた。

吊り環の行方は、すぐに知れた。婦人が手さげ袋をさげて路上を歩いているが、布袋の上に車内に吊るされていた白い環が二個ついている。

その吊り環つきの手さげ袋は、闇市で戸板の上に並べられて売られていたが(中略)また、座席に貼られた緑色のシートも鋭利な刃物で切ってはがされていて、シートのない車輛がほとんどであった。

終戦後、浮浪児と称された戦災で家や家族を失った少年などがさかんに靴みがきをして日銭をかせぎ、道を歩く人を呼びとめて靴をみがいていた。進駐してきた米兵が、木の台の上に大きな軍靴をのせ、みがかせている姿をよくみた。

靴みがきをする者は細長い緑色の布の両端をつかんでそれを左右に動かして靴をみがいていたが、その布は見なれた電車の座席に貼られていたシートであった。

（吉村昭『東京の戦争』筑摩書房）

「すし詰め」ではなく「殺人電車・列車」

敗戦後の電車や列車を復原したいなら、内部の吊り環をとっぱらい、椅子は全部外して表にほうり投げ、窓のガラスはすべてこわして代わりに板を打ちつければ、おおよそ似てくるはずである。あとのディテイルは、いっぱいに詰め込んだ人間、いや人間とも言えない形に変形している乗客に隠れて見えないに違いないからだ。

それでも荷物を載せる網棚はそのままにしておいたほうがいい。そこには荷物の代わりに人間が乗れる。横になって揺られて行けるのだから特等席だ。奇妙な光景だが本当の話で、椅子を外してしまうのは、空《あ》いたスペースに人を立たせれば、何倍もの人間を収容出来るという情けない知慧——いや、切羽《せっぱ》詰まった知慧だ。もっともこれはいまだって酷電が取り入れている。東京の山手線の最新型車輛では、ラッシュ時に無くなる椅子がある。

窓のガラスというガラスが無いのは、人でふくらんだ車内の圧力で割れ飛ぶのだという説があるが、ホームで線路にこぼれ落ちそうになっている乗客が、入口からだけでは入り切れないから窓に殺到して、そこから乗り込む。これが恒常化すればガラスなどひとたまりもない。板が張ってあるのは、この乱入を防ぐためで、決して吹き込んでくる風を防いでやろうなんていう親切心からではない。この悲惨な状況を〝すし詰め〟などと悠長な言葉ではいい表せないから単刀直入に〝殺人電車・列車〟と呼んだ。

国鉄は窓から出入り出来ないモハ63形新型車輌という電車を導入した。窓が小さく、おまけにどの窓も横枠ががっちり入って三分割されているから、せまくて人がもぐって通ることも出来ない。ところがこの電車が横浜・桜木町駅直前の高架上で火災をおこし、二台が焼失、窓から脱出出来なかった乗客が106人焼死した（桜木町事件、一九五一年）。殺人電車が本物になってしまったのだ。そしてなんと、人の重さでホームとホームをつなぐ跨線橋《こせん》が落ちた（日暮里駅事件、一九五二年）。犯人は〈満員〉だ。

あの時、トンネル内でよく死ななかったものだ

よくあんなことが出来た——。ぼくもあの長い碓氷《うすい》トンネルを列車の昇降口のいちばん外側のタラップにぶら下って、車内から押し出されてくる圧力で自分の前の人の体がどんどんこちらを押してくるのを手すりにつかまって何とかこらえ……つまり体はすっかり列車の外にある状態で（こういうのを人が列車に〝鈴なり〟になっているといった）……ようようのこと越したこと

がある。おまけに当時の粗悪な石炭の吐き出す煙（もちろん蒸気機関車だった）がトンネル内に充満しているる中を行くのだから、よく転落して死ななかったものだ。

さすがに自分ではしなかったが、男の人たちは窓から小便をしていたような気がする。だいいちあのギチギチに詰まった列車の中をどうかき分けて便所まで行けというのだろうか。

なんとか行けても、便所の中はすでに人が詰まっている。便器の頭の部分とか、洗面台とか、腰をおろすのにこんなに便利なものはない。少しでも楽をしたい乗客は、まず便所を占領しようと急ぐのが気のきいた行為だった。

いまの旅行の快適さにくらべて、当時の列車の地獄ぶりのことは、まさに〈忘れられた戦後〉だ。

8時間、他人と抱き合ったまますごす

身動き出来ないまま、6時間とか8時間とか、あるいはそれ以上、旅とはいえない地獄の混雑を耐えられるものか。見も知らない他人、口が臭かったり体が臭かったりする他人（もっともこちらもそうだったろうが）と抱き合ったまますごすのだ。

通勤の混雑は短い間隔で駅にとまるから、そのたびに人の乗り降りがあって、周囲の人が動く。あの時代の列車では、この乗り降りということがなかった。皆ひたすら終点（つまりは大

都会）へと行く。次から次、無理やり乗ってくる人はいるけれど誰も降りない。

たぶん、こういうことが忘れられ、後に伝わらないのだろうと思うが、だから自分の周囲の人が変らない。いや周囲と書いたのがもう、ぼくがその当時の感覚を失いかけている証拠で、身体を回転することも出来ない。自分の前にいる人の顔は見えるけれども、顔を廻して後ろ、いや左右の人だって見られない。

たった一人、自分の前にいる人に身体も顔もぴったり寄せ合って、何時間も（ちっともスピードが出ない、どこへ行くにもおそろしく時間がかかった）いる——こうした経験をその後したことがない。

人間心理がとても奇妙になる状況

この状況になると、人間の心理はとても奇妙なものになる。

この心理をとても巧妙に描いた同時代の小説がある。梅崎春生『麵麭《パン》の話』（講談社文芸文庫「別冊文藝春秋」初出）という短篇だ。とびとびにだが引用してみる。

あいにく窓際に立ったばかりに、背後から押しつけられると、かたいかたい窓枠がいたく胸を衝きあげてくるのだ。外套を着ているとはいえ、それはじかに肋骨《ろっこつ》にひびいてくる。

ぐっと押されるたびに呼吸がとまりそうだ。（略）彼の背中の一部分を、なにか堅いものが押しているのだ。背に食いこむ感じからいえば、四角な箱の稜角である。うしろの人の荷物にちがいないのだ。（略）

老婆が手にしっかと持っているのは、盲縞《めくらじま》の風呂敷につつまれた箱であった。彼の背中をいままで執拗に圧していたのはそれである。（略）

——線路がカアブに入るらしく、またしてもぐぐっと倒れかかってくる。老婆のもった箱の角が、いきなり彼の脇腹をえぐる。彼の掌は必死に窓枠を支えながら、ふたたび冷たい汗が額に滲みでてきた。老婆の灰白色の髪が彼の外套を押しているのだ。彼の眼はとつぜん憎しみを帯びてきらきら光った。（略）とつぜん兇暴なものが彼を満たした。（略）窓ぎわの間に彼が必死にすかした隙間に、老婆ははずみを食ってはまりこみ、そのまま足がなえたように……。（略）

彼は歯を食いしばったまま、背後の力を利用して、そのままぐっと膝頭に力を入れた。膝頭と壁板のあいだで、箱がめりめりと音を立てる。そしてもう一押。ばりっと箱板がするどく亀裂する音。老婆のあえぐような悲鳴。

タイトルが『麵麭《パン》の話』とあるのでわかるとおり、主人公はもともと食料の入手難でイライラしている。それが殺人電車の混雑で増幅され、殺意に近い暴力衝動の狂気が生じる。いまの都会生活者も朝夕のラッシュ時に同じようなキレかたを体験しているだろうが、なかなかそんなものじゃない。あれはちょっとくらべるものがない。

買い出し列車の地獄

どの電車や列車にもたいていは〈進駐軍専用車〉がついていて、これのラクラク空いていることの恨《うら》みは忘れないけれども、もうすこし殺人的混雑のことを書く。

混雑の原因は人間ばかりではない、荷物があった。特に列車の混雑の元兇はそれだった。乗客のほとんどが大荷物を持って列車に乗り込んだ。いま乗り物に乗るときの手荷物といえば着更えの衣類とか化粧品で（これがけっこうかさばるのだが）そこから想像してもらっては困る。百パーセント近くは〈食糧〉だった。

特に〈いも列車〉〈カツギ屋列車〉〈買い出し列車〉と呼ばれるような列車の荷物というのが凄かった。荷物一箇が等身大、人間一人ぶんある。

当時都市に住んでいた人間たちは、ほぼ定期的に〈買い出し〉に行かねばならなかった。東京から一日18万人が買い出しに出たそうだ。買い出しといっても買うのじゃなくて〈物々交換〉、見慣れたわが家の衣類が消えてゆく〈タケノコ生活〉（タケノコの皮をむくように一枚一枚着ているものがなくなってゆく〉。それも悲しかったが、買い出しに連れて行かれるのは本当にイヤだった。農家の人たちは、ぼくはあえて書くのだが、これまで散々都会の人間に馬鹿にされてきたのだから、うんとこらしめてやろうという悪意に満ちていた。こちらから頼んでいるのだから、売れる売れないはたしかに向うさま次第だが、あんなに侮辱しなくてもいいだろう、侮辱を我慢しなければ何も分けてもらえなかった。

しかも次第に米はもらえなくなり、イモに変り、そのうちに大根のような野菜類しか交換してもらえなくなった。

しかし帰りの列車がまた本当の地獄だった。人間だけでもいっぱいなのに、荷物が加わって二倍になる。怒号と悲鳴。職業的カツギ屋の荷物はあのでっかいのが二箇も三箇もある。

途中で〈手入れ〉がある。武装警官は、巻きゲートルにピストルまで手にしている。これが列車をとりかこんで全員降車が命令される。そうすると、あの大きな荷物が手渡しで次々と警官のいない側に渡され、窓から放り出される。すでにそこに待機していた仲間が、それをまたどこかへ素速く持って行く。関係のないシロウトの乗客も手伝わないわけにはいかない。こうした狂乱と混乱がしじゅうあった。

〈手入れ〉がなくても〈検問〉があって、カツギ屋でないぼくたちも安心出来ない。野菜類はお目こぼしがあったが、米はもちろん、イモも容赦なく没収された。

ヤミを一切せず、買い出しも家族に厳禁して栄養失調で命を落とした東京地裁の山口良忠判事のような人もいたが、一般の庶民はこれまた命がけで買い出し列車に乗っていた。

列車・電車が兇暴でまがまがしかった

列車や電車、乗り物はなんでもいまの子供もそうだが、ぼくらだって小さいころの憧れだった。しかしいま新型新幹線やSLの復活などにあれほど多くの人が集まって楽しそうに写真など撮っているのを見ると、だいぶ異和感を覚えざるを得ない。列車や電車に対する感じは、あのころのおかげですっかり変ってしまった。

実際、殺人的混雑ばかりでなく当時の列車・電車はなにか兇暴でまがまがしかった。無人列車が暴走し（三鷹事件、昭24）、国鉄総裁が自殺とも他殺ともわからない状況で轢死《れきし》した（下山事件・同年）。そして列車の大事故が前出の「桜木町事件」以外にもしばしば起った。

戦中と戦後十年に集中している大事故

日本の〈鉄道災害〉のなかで100人以上の死者を出した事故をここに書き抜いておくのも意味のないことではあるまい。大事故は8件あるが、そのうち5件が戦中、そして戦後十年に集中しているのだ。

〔西成線安治川口駅ガソリン・カー転覆炎上（昭15・1・29）死者191（異説あり）〕

早朝出勤の工員で満員のガソリン・カーがポイント切替えミスで脱線転覆。ガソリンタンクに引火、大半は窒息死。

〔八高線転覆（昭22・2・25）死者184　負傷者497〕

下り勾配でブレーキきかず、八王子発高崎行6輛編成の列車が転覆。買い出し客で超満員だったから大惨事となった。

〔鶴見線脱線衝突（昭38・11・9）死者161（一説に162）〕

貨物車が脱線、横須賀線側へ3輛が転落したところへ上下電車が突っ込んだ。

〔常磐線三河島駅衝突（昭37・5・3）死者160　負傷者296〕

下り貨物車が信号誤認で脱線。さらに上下列車がつぎつぎ突っ込んだ。信号機の切替え、発煙筒での合図等を怠ったため。

〔常磐線土浦駅三重衝突（昭18・10・26）死者110〕

貨車入れ換え中に脱線。そこへ上り列車が衝突、さらに客車が突っ込んで前部3輛が桜川に転落した。戦時中の「列車を止めるな」の指令が大事故化した原因という。

〔福知山線脱線マンション衝突（平成17・4・25）死者107〕

記憶に新しい。こうしてみると判然とする、じつに鉄道史上最悪の事故の一つなのだ。

〔京浜線桜木町駅国電炎上（昭26・4・24）死者106〕

赤羽からの5輛編成の電車が桜木町駅に入る直前、ガード上で発火（垂れていた架線がパンタグラフにからみついたのが原因）炎上。電車は可燃性で、前にも書いたが、当時の殺人的混雑で窓から出入りする乗客が多かったのを防止する目的で、窓が三段に仕切られて脱け出られないようになっていたこと、ドアが緊急時手動で開けられるようになっていなかったこと等で、内部の乗客が閉じこめられて逃げられなかった。

〔八高線正面衝突（昭20・8・24）死者105〕

八王子市の多摩川鉄橋で各5輛編成の上下線が正面衝突。強風雨のなか信号機が故障、単線運転を運行メモだけで強行したのが原因。ほとんどが復員兵士を乗せた列車で、死者の全員がやっと命を全うしたはずの復員兵だった。

鉄道が不安と混乱に満ちていた時代

八高線の二つの事故、土浦駅・桜木町駅の惨事、いずれも敗戦直後の殺人的混雑が大事故になった背景にある。これに下山事件・三鷹事件・松川事件を加えると、あの時代はなんと鉄道が不幸と混乱に満ちていたことかと考えてしまう。本当に事故は多かった。

その中でも忘れられない事故が一つある。大事故の数々にまぎれて今はすっかり忘れられている事故だ。

昭和20年の12月19日のことだ。母親に背負われた生後29日の乳児が満員電車で圧死した。場所は東京の山手線（新橋―目黒間）の車内だ。これほど当時の交通事情の残酷さを象徴している事件はない。いまの目でこれを見てはいけない。明らかに緊急の用件があった母親は乳児を預ける術《すべ》もなく、他の交通機関を利用する手段もなかった。そしてあの殺人的混雑。母親は過失致死罪で逮捕された（後に起訴猶予）。これはたしかにあの時代でなければあり得ない事件だった。

間借り
――監視し監視される生活

（略）一階が二間で二階も二間しかない家に、私のほかSやNも居候していました。遅配欠配つづきの食糧難もさることながら、一歩外へ出れば焼け跡で、住宅事情は最低最悪でした。

その一例になると思って書いてみますが、となりの家にプロ野球の西沢道夫選手が妻子と三人で間借りしていました。もと中日ドラゴンズの……（略）戦争のため中断していたプロ野球が復活したのは二十年十一月ですから、私が知り合ったのはその以前です。

しかし、公式戦以外に試合は随所で始まっていたようで、いろいろな選手が出入りしていたし、ファン・レターも大分きていました。つまり復活前からスター選手だったわけでしょう。その西沢道夫が間借り暮らしで、やがて間借りの部屋も追い立てをくって、一時は私が居候をしている家の二階に妻子ともども同居していました。いかに住む家がなかったか、それと、今はスター選手ともなれば長者番付にのる時代ですが、経済的にも隔世の感があります。

（結城昌治『俳句つれづれ草——昭和私史ノート』（『昭和生活文化年代記《クロニクル》②』TOTO出版所収）

しかし、このシーズン（昭和24年）最大のニュースになったのは、野球人気や、選手たちの好プレー、試合での活躍そのものではなく、南海のエース・別所昭（のち毅彦）の巨人移籍問題であった。

二三年のシーズンオフに、別所は南海に対して、月給六万円と、家一軒を要求して、球団側と揉めていた。別所は神戸出身だったが、夫人は東京出身。夫婦は神戸の別所の兄の家の二階で所帯を営んでいた。そのために、何かと不便を感じていたのである。

「家があかんのならカミさんの実家がある東京の球団に移りたい」

（中野晴行『球団消滅』ちくま文庫）

間借りとアパート暮らしは全然ちがう

何がわからせにくいといって、ぼくの周囲の若い人にこの〈間借り〉というのをわからせるぐらい難しいことはなかった。まるでイメージがつかめないらしい。

さすがにマンションとは言わないが、どうもアパート暮らしを連想するらしい。ぜんぜんちがう。

多少の金があるとかないとか、そんな事も関係なかった。西沢道夫は昭和11年から中日の前身の名古屋入りし、最初は投手、後に一塁手に転向、24年には当時ようやく現れた年間ホームラン数30本以上の選手の仲間入りして37本を打ち、25年に一シーズン五本の満塁ホームラン、27年に打率と打点の二冠王を記録している。

別所毅彦は野球評論家になってからの風貌を覚えている人が多いだろう。真っ白な眉毛に高笑いで人気を得た。現役時代は野球史に残る豪球投手である。このとき接近した巨人が家を買う足しにでもと渡した金は一〇万円だったそうだ。

いずれも高額所得者だ。それでも間借りをせざるを得なかった。それほど住居にするべき〈家〉がなかった。

空襲、焦土、強制疎開

いまとなっては、あの米軍の日本空襲、焼夷弾・爆弾による損害のほどは想像もつかないものだ。〈焦土〉、文字どおりこれだった。残された写真を見てもわかる。見渡すかぎり何もない、黒々と焼け焦げた土だけが目の前に広がっていた。

しばしば今日でも空襲の惨禍の代表のようにいわれる昭和20年3月10日の東京大空襲は、たった一夜、五、六時間で二十六万戸の家が焼かれ、約十万人が死んだ。ふつうの火事を想像してもらっては困る。

結局、空襲によって失われた家屋は全国で２１０万戸。これは日本全部の家屋数の15％になる。

さらに〈強制疎開〉、この言葉も説明がいるだろう。昔から江戸などの都会では大火のとき、類焼を防ぐために火の途《みち》に当るところの家屋を破壊してこれを防ぐ破壊消防が行われた。これを事前に実施して火除地《ひよけち》を作っておこうというので、要所々々の家が強制的に破壊された。否も応もない。泣く泣く自分の家をこわす綱を自分たちで引っ張るのだ。そうしなければ白い目で見られる。ある時期、東京ではこんな風景がよく見られた記憶がある。

この強制疎開で壊された家屋が全国で55万戸、おどろくほどの数だ。

あわせて２７０万戸ほどの家が足りないと計算すると大間違いで、住宅を必要とする人数の方が大幅に増えていた。海外からの引揚げ者が必要としたのが67万戸、戦時中建築がぜんぜん行われなかったから、そのための自然減不足分が１１８万戸。あわせて４５０万という大量の家屋がじつは必要だった。

焼け跡にはバラックと称する焼け跡廃材・トタンなどを使った掘っ立て小屋が建ち、バスや汽車の廃車になったのを家屋に改造したもの（政府が公《おおやけ》の事業として改造貸出した）まで現れたが、必然的に目をつけられたのは、焼けなかった家々だった。

「不公平」こそが終戦直後の基調音

ぼくは戦後日本の、特に終戦直後の日本の基調音となったものの重要な一つは〈不公平〉という感覚だったと思う。この感覚が、戦後の不安感、危機感、あるいはイライラ感や暴力衝動の根本にあった。すべてはそこから生じたのだ。

戦死した人間と無事で帰った人間、抑留された人間と帰国出来た人間、戦犯に指定された人間と逃れた人間、闇で儲けた人間と儲けられなかった人間、……何もかもが公平でなかった。餓えている人間とたらふく食べている人間、着るものがなく震えている人間とぬくぬく着ぶくれている人間……そして焼け出された人間と焼け残った人間。

〈住宅難〉と総称されるトラブルの基は、この不公平さだった。

昭和21年6月に〈余裕住宅の解放〉を義務づける改正住宅緊急措置令が施行される。一定の大きさ以上の家は届出なければならない。役所がその家を二世帯以上の家族が生活出来ると判断すれば、同居人を置かなければならなかった。

もっともひどいザル法で効果のほどはすこぶる疑わしかった。すこし大きな家は玄関にやたらといろいろな姓の標札を並べて掛けていた覚えがある。間貸し逃《のが》れだった。

そんなことをしなくても、実際に焼け残った家は人でいっぱいだった。縁故を頼って親戚が、伝手《つて》を頼って知人が押し寄せた。ぼくの母の実家は相当大きな家で、焼け残った。一時はここに、別々の家の兄弟、従兄弟、甥、姪が七人、祖父母や伯父夫婦と住んでいた。それでも皆疎開先の田舎に家族を残しての単身だったから、食事の仕度をする伯母はたいへんだったろうが、まだトラブルが少なかった。

深刻なトラブルが生じるのは、家族ぐるみの間借りだった。ぼくの家も父がシベリヤ抑留から帰ってきてからも含めて、三回間借りをくり返した。これでも少ないほうで、転々と間借りをくり返すのが普通だった。

追い出されるのだ。ほとんどの場合、同居させる家族とする家族との間に懐疑と憎悪が生じた。

一家はみな息をひそめて暮らしていた

間借りの習慣は戦前からあった。というより歴史に照らせば、ごくごくこれが当り前の日本人の住居形態だった。明治時代の名のある人たち、啄木だって漱石だって、みんな間借りしている。

ぼくの育った東京の下町では、新婚の若夫婦、小体《こてい》に暮らす老夫婦など、間借りする人は珍しくもなかった。よく遊びに行った出いりの俥屋《くるまや》の年寄り夫婦などは二階の間借りだが、二間《ふたま》の物干しに出るほうにはちょっとした煮炊きの出来る水屋《みずや》がついていて、長火鉢、茶だんす、とお決まりの世帯道具がちんまりと置かれて、綺麗に片付いた室内を見ると、子供心にこういう暮らしもいいなと思ったものだ。

戦後の間借り生活は天と地ほども違った。まず、おそろしく狭《せま》かった。このへんがいまの人には思いもつかない。六畳一間といっても六畳ないのだ。八畳といっても八畳使えない、たいてい箪笥やトランク、行李《こうり》、本箱といったもともとの住人の家財道具が入っているところに親子何人かが入りこむのだ。ろくろく坐るところもない場所にすし詰めになって暮らす。

二階とか離れとか、もともと間貸ししてもいいような部屋のつくりになってないところは、障子《しょうじ》、襖《ふすま》一枚しか隔てがない。防音なんかされてないから一家は四六時中息をひそめていなければならない。小さい子供がいる世帯なんか論外で、いつでも嫌がられた。たいてい貸してもらえなかった。

ラジオもつけられず、大きな声で笑えもしない。

困ったのは便所で、同居している貸主一家が済ますのをうかがって、急いでするのだ。

それよりどうにもならなかったのは台所で、間借りの悲劇はたいていここから起った。人間いやしいもので、あの食糧難の時代、他人が何を食べているかぐらい関心をひくものはなかった。

こう書くと、若い人はすぐ副食、オカズのことだと思うだろう。そうではない。オカズなら嗜好とか好き嫌いとか、そういうことでケリがつく。飽食の現在では想像がつかないだろうが、主食が問題だった。オカズなんてほとんどなかったといっていい。腹いっぱい食えるかどうかが問題だった。イモなのかカボチャなのか、代用食の、それも量が問題だった。あの家ではあんなにたくさんのイモを食べている。わけてもくれない。これが深刻な恨みを買った。米の飯、ましてや白米なんかをどちらかの家が食べていれば、ことは蔭口・悪口では済まなかった。

間借りがもたらした人間不信と狂気

すこし大きな年表を見れば、昭和21年3月16日の項に「十二代目片岡仁左衛門一家三人が薪割りでめった打ちにされ、惨殺された」という記事が見つかるはずだ。

この歌舞伎俳優はいまの仁左衛門とすこし家系がちがうが、戦前戦中美貌で鳴らした女形だった。なお記事は続く。「同宅に座付き見習いとして同居の飯田某を逮捕、家族は一日三食だが彼は二食、うち一食は粥、つまみ食いを叱られ爆発」。

別の年表には「家族は五人。こちらは米、同居人は配給の小麦粉だった。その恨み」とある。兇悪事件が多発したこの時期でも、やはりこの同居と食が原因の事件は衝撃的だった。いまだにどの年表にも載っているのは、その記憶の名残《なご》りだろう。もちろんこんな時代でもどこかから手に入れるのか豪華な食事をしている人もいたし、代用食もままならない人もいた。それは皆わかっていた。羨ましいがどうにもならない。

しかし一つ屋根の下で差があれば、その恨みは骨髄に達する。間借り、というのはそうした状況なのだ。思い出したくもない情景だが、いくら台所を使う時間をずらしても、食事の時間をそう違えることは出来ない。相手が何を調理しているかはわかってしまう。出てくるゴミ、洗いものの食器に付いているカス（食べ残しなんてそんなもったいないものはなかった）、そうしたものをおたがいの家族が監視して何を食べているかをヒソヒソ囁《ささや》き合う。これが日常だった。

間借り、が何をもたらしたか。人間不信と狂気だ。いくら話してもこのことはわからないだろう。皆が語らなくなるのも無理はない。これもやはり忘れられてゆく戦後なのだろうか。

闇市
——ヤクザは隣人

シーン5　闇市
ゴッタ返す人波の中で、復員兵姿の槇原政吉、矢野修司、大柿茂男たちが雑炊鍋や闇物資の露店を出して稼いでいる。

その近くに、材木を積んだトラックが来て停まる。

荷台の胴に「土木請負・山守組」「駐留軍専用」のペンキ書き。

坂井鉄也、神原精一、川西保が降りて、材木の蔭に積んでいたシートの包みを下す。槇原たちがそれを迎えて、一同で手伝ってシートを開ける。中は煙草や砂糖などの米軍の横流れ品。

槇原が数を当り、坂井は金を払う。

と、近くにジープがとまり、ＭＰと前川巡査等警官の一隊が降りてきて、とり囲む。

坂井「逃げえ!!」
警官、MPたちをハネ飛ばし、蹴とばして四方へ逃げ散る坂井たち。

シーン6　ハッピー食堂の店内（N）

米軍の残飯加工の唯一の食堂で、闇屋やパン助たちの溜りになって賑々しい。

その一隅で広能が泡盛を呷りながら、古い電蓄の広沢虎造の浪曲レコードに聞き入っている。

不意にその音を打ち消すようなジャズの音響。表の方を見やる広能の目に、いつかの女佐和が米兵と手を組んで、ポータブルラジオをこれ見よがしに提げて入ってくる姿が留まる。

カッと睨みつける広能。（略）

と、其処へ、表から川西が片手を血だらけにした山方を支えて入ってくる。

川西「広能いうもんおるか！」

見て、駈けよる広能。

広能「山方、どしたんない?!」

山方「き、斬られた……！」

（笠原和夫『仁義なき戦い』シナリオ　「年鑑代表シナリオ集」　シナリオ作家協会編　ダヴィッド社）

闇市の裏側にはいつも暴力があった

敗戦直後の世の中のことを今の人に説明しようとして、かえって難しいのは〈殺人列車〉の混雑とか、この〈闇市〉のようなケースで、なまじ通勤の酷電とか北朝鮮やイラクのブラック・マーケットといった類似のものを知っているからいけない。ああ、あんなものだろうと、早わかりされては困るのだ。

といって、闇市の実態を記録したドキュメント・フィルムにもいいものがない。当り前の話で、ほとんど犯罪品を扱っているのだから、カメラが表立って入り込むことが出来るはずがない。それなら劇映画は何かないだろうか。たやすく見られるものといえば、あの『仁義なき戦い』、それもシリーズ第一作の冒頭部分がいい。DVDが出ている。

昭和48年という、ずいぶん後の作品だが、まだこの時代には闇市をよく知っている世代がスタッフに残っていたから、バラックがポツンポツンと建っている以外露天の、小さな店が無数に集まっている焼け跡の広場に、これまた無数に人が集まっている光景は、なかなか感じが出ている。

銭湯も列車も人があふれていたとここまでも書いてきたが、再開された映画館も劇場も、どこもかしこもどうしてあんなに人が多かったのだろう。闇市は特にすごかった。

裏側にはいつも暴力があったから、いるのはほとんどは男だ。『仁義なき戦い』は終戦後すぐという設定だから、服装はたいてい軍服か国民服（軍服に似せた民間人が着る服《ユニフォーム》――二種類しかなかった）、布製の雑嚢《ざつのう》を肩にかけ、戦闘帽をかぶっている。この必ず帽子をかぶるのはいまはない当時の特徴で、ずいぶん後まで男子はソフト、中折れ、パナマ、鳥打ち等の帽子を（和服でも）外出時は必ずかぶった。

そのうち、やはり洒落者が出てくる。予科練スタイルといって焦げ茶の航空ジャンパー、パラシュート用の布を白いマフラーにし、半長靴。これがトップ・ファッション。

中にはリュウとした背広にコンビの靴、これはヤクザだろう。ああ学生服姿もいる。

闇市には場ちがいな盛装をしている人もいる。実は普段着のほうがないので、上等な着物はけっこう田舎に疎開させたりして残っていた。タケノコ生活の物々交換に持ち出されたのはたいていこの種の着物だったから、農家によっては訪問着をふだん着ていたという珍風景まであった。

女性は女の国民服とでもいうべき〈標準服〉か和服、だんだんモンペ姿が少なくなるが割烹《かっぽう》着《ぎ》は必ずつけた。ぼくの記憶では闇市での女性の洋服姿はかなり後になってから、それもごく珍しかったように思う。

闇市ぐらい撮影に金のかかるものはない

『仁義なき戦い』に出てくる闇市の登場人物はなかなか感じが出ていると書いたが、それは衣裳までのことで、闇市全体のことはまったく見ていてわからない。それは肝腎の売っている物がまったく画面に映ってこないからだ。

実は何が金がかかるといって、いまとなっては闇市ぐらい撮影に金がかかるものはないのだ。ぼくは『源氏物語』の平安の栄華も、『鹿鳴館』の豪華も、江戸の『大奥』も、ずいぶん金のかかる作品ばかり作ってきたが、闇市だけはあきらめた。金がかかりすぎる。

闇市には何でもあった。あったけれども、そのほとんどが今はない。例えば鉄兜をつぶして作った鍋や釜、飛行機のジュラルミンで作ったスプーンやフォーク、新しく作るとしたらひどく高価だろう。魚の皮で作った革靴、これなんか作る技術がない。

中央が中空の、ドーナッツ型をしたジュラ製の電気パン焼き器。もっと簡単な長方形の板の箱の両端に金属板の電極を貼ったパン焼き器。ニクロム線の電気コンロ。密売のタバコ葉を刻んだものにトウモロコシの毛などを混ぜて量を増やし、インディアン・ペーパーといわれた英和辞書の頁を破った紙で巻く、タバコ巻き器。こうした当時どこの家庭にもあった（いまの人から見ると不思議《ファンタジック》な）モノの数々。これも映画やテレビのために少数作るとなったらさぞ高価だろう。

だんだん思い出してくる。カルメ焼、闇市の人気商品。本物は氷砂糖に卵白を加えたものを焼いた菓子だそうだが、闇市で売っていたのはどんな砂糖が原料だったのか。精製された白砂糖なんてもちろんなかった。褐色の塊りの精製前蔗糖。何かを電気分解して得られたと称するブドウ糖は少し色が薄く黄色っぽい塊り。後に生産が許可されたサッカリンやズルチン等の人工甘味料。人々は甘味に餓えていたから芋じるこでも乾燥芋でも、少しでも甘さのあるものはとぶように売れた。

闇市には何から何まで全部あった

統制下の米・麦等の食料品、衣類、ゴム、石けん、そしてタバコ、もちろん売買してはいけなかったのだが、全部ここにあった。雑炊《ぞうすい》、めん類が食えた。いや、カレーライスや寿司も食えた。何から何まであった。

危険だったのはアルコール類で、しばしば工業用のメチルアルコールが売られ、飲んだ人間が失明したり死亡したりした。占領軍兵士にこれを売った者は死刑の布告が出た。彼らはPX（アメリカ軍隊内の売店）で買ったタバコや食料品・雑貨をマーケットによく売りに来るのだ。各種外国タバコ（ラッキーストライクが特別あつかいだったのを覚えている。あの赤い丸が日の丸を連想させるからだろうか）、ハーシィのチョコレート、リグレイのガム、クリーネックス……。

何で読んだのか忘れたが、蛍を売っていたそうだ。織田作之助の文章にあるとかで、二匹五円だったという。そういえば、終戦を境にしての何年間かはどこでも蛍が異様に大量発生していた。黒澤明の映画『酔いどれ天使』にはマーケットの花屋が出てくる。古着、新しい布地がないのだから、古着はとぶように売れた。古着を仕立て直した〈再生服〉というようなものも出てくる。盗品も多かった。これらに混じって蛍や花を売っていたところに戦後の闇市の特色がある。

学生が聖書を露天で売っている写真も残っている。〈宝くじ〉もすこぶる早く売り出された。第一回宝くじは一枚10円で一等十万円、昭和20年の10月にはもう売られている。副賞に純綿の布地、空くじ4枚でタバコ10本というのが泣かせる。以後スピードくじ、三角くじ、野球くじ、相撲くじなど続々出た。

なるほどと思ったのは、どこの闇市にもハンコ屋が必ずといっていいほどあったそうで、たしかに印鑑は配給から外食券の購入、旅館での宿泊、列車の切符の取得等々すべての行為に必要だった。簡単に電話で相手の所在確認がとれる現在とはちがう。身分証明として、たとえ不確かであってもハンコは頼りになった。それと名刺、これも必要欠くべからざる身分証明。印刷がまだ復興せず、手書きだったという。製造が間に合わないほど売れた。

どういう人たちが店を出していたのか

もともと戦時下の統制経済、配給機構は抜け道だらけだった。「一軍、二官吏、三に顔、四つめが闇で、馬鹿が行列」とよく言われた。配給の行列（本当に長くて、非能率で、ちょっとした物資を手に入れるのにまる一日がつぶれることもしばしばだった）に並ぶのは馬鹿だけ。敗戦でこの〈闇〉が肥大して表に出た。

昭和21年2月の警視庁の調査で、都内234ヶ所に闇市があり、7364の店があったという。

大きな闇市はたいてい駅前に出来た。駅前は例外なく強制疎開で建物が取り壊されて広い空地があったからだ。特にガード下は雨天でも営業出来たから露天商にとっては天国だった。いまだったらここには腕ッ節《ぶし》の強い、ヤクザのお兄さんが独占……と考えるところだが、ぼくの見た写真では割烹着姿のオバさんがほそぼそと店を出している。このへんも戦後闇市の面白いところだ。

どういう人間が闇市で店を出していたのだろう。戦後すぐ、昭和20年9月の統計がある。東京の闇市で働く人間は8万人。在京露天商人3割、失業者5割、罹災商人2割。この失業者の中には復員軍人、軍人遺家族等が含まれるのだろう。

ムシロ一枚、戸板一枚あれば商売が出来た。売れるようなブツが手に入れば店を出すし、入らなければ休む。早朝営業もあれば、午後遅くからのもある。戦災孤児（浮浪児）などは歩きながら盗品を売っていた。

シロウトが半分というところが目を引く。戦前から伝統的に露店を仕切っていたてきや、博徒の組織はどうしていたのだろう。在京露天商3割というのがてきや系なのだが、すくなくとも終戦直後は闇市はだいぶんいまのフリー・マーケットふうに誰でもが出店出来るものだった。もちろんてきや筋に話を通す、通してその傘下に入らなければ組織外のグレン隊や華僑関係、旧台湾省関係そして在日韓国・朝鮮関係の露天商の迫害に対抗出来ないのだけれど、シロウトとてきやの間の垣根はいまからでは想像出来ないほど低かったのではないかと思われる。

ある女性露天商の場合

『婦人朝日』（昭24・12月号）に深井綾子という、おそらく当時三十歳代の女性の手記が掲載され『ドキュメント昭和世相史』（平凡社）に再録されている。闇市であの肉筆名刺書きをしていた人だ。

父は戦前、保険会社の支社長をしていたというごく普通の育ち。結婚するが終戦、夫は闇ブローカーになって（誰でも物資のあり場所を知っていてコネがあれば、闇ブローカーになった）いっとき羽振りがよかったらしい。浮気が止まないので三年で一児をかかえ離婚、（父親はすでに働いてないし、三畳一間に両親と四人どうやって暮らそう、ということになった。

闇市でなんとかならないか(シロウトがこうした発想をするところが当時らしい)。東京の神田須田町に若松家分家溝田二代目山内慶蔵内井上龍一というてきやの親分を訪ねる。刺青を入れた若者が大勢たむろしている。親分は人あたりがよく親切で長井の叔父《おじ》御なる人に紹介してくれた。

ここから彼女の露天商としての生活がはじまる。一箱50円(100枚)の原価、女学校時代に熱心に習った習字が役に立って肉筆で書いた名刺は一箱500円になった。一枚5円の単価で書いたらしい。

支出のほうは、細かい金額は諸本まちまちだから割愛するが、まず組合費。これは東京露天商同業組合に収める金。この組合ははやくいえば親分衆の連合体、各支部がありこれにも支部費を収める。組の収入としてはいわゆるショバ代がある。驚くのは税金の徴収を支部が請負って代収していたことだ。直接税(所得税・営業税・付加税)と営業品目で異なる間接税があったが、これら全部をひっくるめて毎日子分が集めに来た。

それでも彼女はすこぶる幸せに露天商生活をつづける。生活も安定し、子供に三輪車も買ってやれる。ついには活版印刷で名刺を作成するようになる。たぶん屋根のついたマーケットのほうに店を出せるようになったのだろう。

しかし、GHQの方針はヤクザ・てきやを解体・排除することだった。親分・子分のタイトな人間関係があの戦争遂行の力の源泉の一つとみなされたのだ。すでに何回かの手入れと幹部の逮捕が行われていたが、露店廃止の方針が決定され、生活の未来が閉ざされたことを彼女が知るところで、手記は終っている。

「光は新宿より」

深井綾子が入った組合、東京露天商同業組合の初代理事長は尾津喜之助だった。尾津のとてもコンパクトで興味深い伝記を書いた猪野健治（『やくざ親分伝』ちくま文庫）によれば、稼業上の正式名称は飯島一家小倉二代目という。関東尾津組組長だが、シマは新宿だった。

戦後資料を読んでいると、よく〈光は新宿より〉という流行語にぶつかる。「光は東方より」のモジリだが、関東尾津組がはじめた新宿マーケットのスローガンとして名高い。

信じ難い話だが、尾津が新宿マーケットなる板とヨシズの三十二小間の建物を建てたのは終戦十日後の8月25日、それより早くそこで売るべき商品の買入れ広告を出したのは、終戦後たった三日の後という早さだったと猪野の尾津伝は書く。（以後しばらくこれによれば）新宿マーケットの最大特色はその〈適正価格〉販売だった。

統制・配給経済の中での価格はすべて公定価格だが、闇経済の中では何の意味もない。敗戦で闇経済が表に出ると、物価は際限なく上昇をはじめる。モノもないけれど、毎日のように値上りする値段はとても庶民が手がとどくものではなくなった。その中で尾津のマーケットは闇値より安く、しかもかけひきなしの表示価格、おまけに価格の算出も情報開示してオープンにした。これが適正価格だ。

猪野の著作から引用する。

「適正価格」の算出法は、工場主の手持ち資材をヤミ値の七掛けに計算する。転換工場主の手持ち資材は、軍需工場時代に儲けた残存資産だから、三割くらい泣くのは当然だという理屈だった。尾津は、そのための方程式までつくった。

算出原価7／10＋工賃＋工場諸掛り＋利益二割＝工場の適正価格

「適正価格」に不満を示す工場主とは取引しなかった。尾津は、この「工場の適正価格」に二割を加えたものを「適正利潤」と称し、小売価格とした。尾津の「適正利潤」は、のちに東京都が採用した「査定価格」とまったく同じ性質のものであった。

人気を呼んだ新宿マーケット

こうして8月26日の開業日に並んだ品物は、ご飯茶碗一円二十銭、素焼七輪四円三十銭、下駄二円八十銭、フライ鍋十五円、醬油樽九円、手桶九円五十銭、ベークライト製の食器・皿・汁椀三つ組八円（前掲本より）。

非常に安価だった。いったいどのくらいヤミ値から安くなっていたかについては9月27日の朝日新聞が、こう報じている。

それかといつて㊣も無理だ。といふので淀橋署と露店側と相談の結果社会的情勢の実情、実生活の復活促進、暴利排除と個々の客観状勢と睨み合せて、次のやうに決つたが、大体ゴム地下足袋百三十円がただの六十五円に、印鑑（木製名前を彫つたもの）七円五十銭が四円に、セルロイド製洗面器三十円が十九円五十銭に、ニューム製シャモジ八円が五円に、下駄十五円が十一円

新宿に出現した適正価格のマーケットは中産階級以下の大衆には大変な人気を呼び、二十六日も黒山のやうな賑《にぎ》はひであつた。

そして同日の読売新聞はこういう記事をのせている。

ここに働く人々五十人は大部分はかつての職《しょく》工さん兵隊さんだといふ点《てん》も面白い。

猪野の本にはこうある。

品物が集まると、こんどは社員募集の広告を出した。

〈男女店員二百名募集　但し失業緩和のため復員者を優先採用す　希望者午前中来談　新宿マーケット尾津組事務所〉

稼業上の子分は、生活困窮者を除いて一人も採用しなかった。

時代の寵児となって代議士に立候補

尾津は時代の寵児《ちょうじ》となった。競って新聞は書きたてる、代議士にまで立候補することになる。定員4名のところ25名が立候補した東京一区で、落選したが6位だった。この選挙の二ヶ月後の昭和22年6月、尾津は逮捕される。罪名は脅迫容疑だった。

尾津は一つの神話だった。おそらく渋谷、池袋、上野……すべてのマーケットにそれぞれ神話があるにちがいない。いや、光クラブ、保全経済会、この時代の経済にはいつも神話があった。

ぼくたちは最近これとよく似た神話を持ったはずだ。それは〈スーパーの誕生〉の神話だ。

アウト・ローであるか否かを除けば、尾津の新宿マーケットの神話と両者はじつによく似ている。

美しかったくりからもんもんの刺青

戦後ブラック・マーケットの最大の事件である〈渋谷戦争〉のことも、時代の子である〈ぐれん隊〉のことも、その後の暴力組織への変化のことも書かないけれども、闇市というと思い出す一枚の写真のような光景がある。

あれは中学へ入ったばかりの昭和22年ごろ、場所は東京・池袋の闇市。そこへ行けばソバ、それも天ぷら蕎麦が食べられるというので友だちと行ってみた（こわいとか、そんなことは少しもなかった）。もちろん露天、蕎麦を茹《ゆ》でている大釜の周囲に木箱を並べただけの客席。釜場との仕切りもない。もう暑くなりかけた季節で、釜のまわりは熱気がすごい。火のそばで蕎麦を投げ入れ、引き揚げている男はフンドシいっちょうの裸。汗がふき出したその身体は総身にくりからもんもんの刺青。汗に濡れた刺青は頭上にひろがる青空からさす光できらきらと光っていた。美しかった。

ぼくはぼんやり、どうして闇市の別名が、ま反対の〈青空マーケット〉なのだろうと考えていた。復員兵姿、国民服姿、古ぼけた背広に開襟シャツ、どこから出してきたか夏羽織の和服姿、さまざまな恰好の男たち、ぼくたちのようななけなしの学生服の子供も、ポツンポツンといる女の客も、裸体の刺青の男も、皆が何の異和感もなく溶け合っている。それは不思議な時代だった。あのマーケットでの、おたがいの体温がじかに触れ合うような、肌の近さは何だったのだろう。

預金封鎖

——ペイ・オフは昔からあった

——昭22・7
政府発表の賃銀物価体系

一般物価　戦前（昭和9〜11年の平均）の65倍
米　価　同32倍

——・——

露店・ヤミ市相場

	昭20・12月	昭21・2月
リンゴ	3個　10円	2個　10円
しるこ	1杯　5円	1杯　10円
スルメ	1枚　3円	1枚　4円

ふかし甘藷	3個	1円	1個	1円
ネギ	15本	10円	7本	10円
大根	1本	4円	1本	8円
軍用靴下		5円		20円
ワイシャツ		80円		200円
白足袋		25円		40円

――昭和21年『毎日年鑑』による

それは突然やって来た

すこし数字をあげてみたが、これくらいでは当時の深刻さを肌身にしみて感じるにはとても足りない。敗戦後すぐ、食糧難と同時に襲ってきたのは、とめどもないインフレーションだった。一般物価が戦前の65倍というけれども、この間の賃銀の値上りは28倍、とても追付かない。昭和21年８月に厚生省が全国勤労者標準五人家族を対象に行なった調査で、一ヶ月の平均実収５０４円40銭、支出は８４４円80銭、差引き赤字３４０円40銭、ひどいものだ。

追付かないうえに、もっと怖ろしい残酷なことが起っていた。〈預金封鎖〉――預金がおろせない。この預金封鎖もいまはほとんど忘れられ語られない戦後の一つだ。

それは突然やってきた。昭和21年2月17日の朝のことだ。終戦から半年後。

ぼくはその朝、新聞の朝刊を見た母親の驚きよう、あわてようをよく覚えている。我が家はなにしろ一家のかせぎ手の父親がシベリヤに抑留されたまま、いつ帰ってくるとも、いや生死のほどもわからない。何も収入がなく、小学生の子供二人をかかえて、たよりに出来るのは零細な貯金だけだが、居喰いとインフレの目減りだけでも気が気でないのに、お金が引き出せないと知って、母は本当に発狂したような顔をしていた。

前日の夕刻、銀行、郵便局の窓口が閉った後、大蔵大臣渋沢敬三は、2月16日までに預け入れた預金、貯金、信託等は生活維持のために必要な金額、一家の世帯主300円、その他の人は一人100円までを毎月認める以外、当分の間自由な払出しは禁止となること、さらに現在通用している100円以上の紙幣は来月2日いっぱいですべて無効になる——と発表した。

一般の庶民にはまったくの寝耳に水、予防手段や防衛準備も、何も出来なかった。もちろんすぐ銀行に駆けつけても、どうにもならない。前出の統計でもわかるように、ひと月どうしても800円はかかるのだ。それなのに我が家は500円しか引き出せない。どうやって暮らしてゆけというのか。

それは「新円切替え」とセットだった

預金封鎖は〈新円切替え〉とセットになっていた。

これも期限まで半月しかない。案のじょう新円発行が間に合わない。ぼくもよく覚えているのだが、旧券の右上に証紙を貼ったもので代用していた。ふるい教科書を墨で塗り潰《つぶ》して使ったり、何の革で作ったかわからない靴（魚だったり、ひどい時は紙だったりした）を染めて牛革のように見せたり、煙草の代りにトウモロコシの毛を吸ってみたり、だいいち食べ物はほとんど代用食だったから、この代用新札も気にならなかった。後でコレクターの間でびっくりするような値段が出たそうだ。

すぐにも通用しなくなる旧券は、一定の金額しか新券と引換えられなかった。あとは預金せざるを得ない。預金すればたちまち封鎖扱いになるのだ。

しかしおかげで通貨の流通はずいぶん収縮した。預金は17・2％増加したそうだ。日本銀行券発行高は400億円以上収縮した。インフレは一時的に押えられた。もっともすぐにまた始まる。なにしろ生産性の低下が回復しないのだから根本的に退治出来ないのだ。

これもよく覚えているが、新円で買うと安くて旧円で買うと高かった。この差を利用して一儲けした〈新円成金〉も多かったし、買出しに追われる都市部から多くの所得が農村部に移って、その格差は広がる一方だった。

戦争で生じた政府の多大な「不良債務」

預金封鎖とセットになっていたのは新円切替えだけではない、もう一つあった。しかもこちらの方がずっと重大だった。

それは旧券の無効になる当日、3月3日に〈臨時財産調査〉を行う――ことだった。すべての現金が新円切替えの中で強制的に金融機関に預け入れさせられる。これですべての財産（貴金属等を除く）が把握出来る。これに〈財産税〉をかけるのだ。財産税徴収後に預金封鎖を解除すればいい。

この臨時財産調査令では、3月3日午前零時における預貯金、有価証券、信託、無尽、生命保険契約などの金銭的財産の申告を4月3日限り金融機関を通じまたは直接税務署に提出する義務が課せられることになった。

こんな、ほとんど暴虐といっていい施策を政府が案出した最大の原因は〈戦時補償〉債務があったからだ、といわれる。

政府の軍需産業への未払い、軍人の復員手当、戦時保険の支払い、軍需産業の解体資金等の戦時補償が1千億円、それと国債が2千億円、いわば戦争によって生じた〈不良債務〉がこれだけあった。

政府は戦時補償債務を打切ったが、同時に「会社経理応急措置法」と「金融機関経理応急措置法」の二法を公布、即日施行。金融機関と企業のこうむった損失を経理面で処理可能とした。

さらに法人・個人の封鎖預金を第一と第二に分けた。昭和21年8月末時点で第一が534億円、第二が287億円あった。企業が戦時補償打切りによって生じた確定損失を埋めたのはこの後者のほうである。

もはやすっかり忘れられている預金封鎖

補償打切りを受けた企業が帳簿上資産、負債をどのように分類し損失を処理してゆき、預金カットによってそれを埋めていったかの詳細は一般人にはなかなかわかりにくい。ぶ厚い専門書によらなければならない。預金封鎖のことはすっかり忘れられていて、よい解説書が手に入り難い。ただ荒和雄『預金封鎖』、これは経済小説で未来に起るかも知れない預金封鎖とデノミによる不良債権処理のことを書いたフィクションだが、この中で昭和21年に実際起った封鎖のことを解説している。文庫本（講談社文庫）も出ていてこれが読みやすい。もうすこし細かいことを知りたい向きは、まずこの本を一読したらどうだろう。この稿もこの本に拠《よ》っているのだが、結局30％から70％のカットが行われたという。

これらの措置は迅速で、戦時中軍に協力した企業は戦時補償債権が不良化していたのを経理上処理出来たので財務内容が好転し、業務を続行することが出来るようになった。ただそれは、預金を封鎖されカットされた国民の犠牲によってだった。

預金封鎖制度は昭和23年7月に解除された。

平成の預金封鎖は？

『預金封鎖』によれば、最大の問題点はこの措置の法律的裏付けが〈緊急勅令〉という非民主的形式でなされたことだという。

勅令第八十三号・金融緊急措置令――預金封鎖と支払停止

勅令第八十四号・日本銀行券預入令――既発券の失効と旧券を預け入れさせる

勅令第八十五号・臨時財産調査令

法律はこの三つがセットになっているが、十分な国会討議はなされていない。そして即日実行、これが反面効果的であったことは否めないけれども。

ここからはぼくは事の当否をまったく云々出来る能力がないのだけれど、『預金封鎖』の著者によれば、昭和の預金封鎖の際実施した法律が現行法として生きているから〈平成の預金封鎖〉も法律、政令ではなく省令で十分実施出来るという。昭和のそれの恐怖を知っているぼくとしては怖ろしくてたまらない。

新10円札の奇怪な噂

ここでこの封鎖といっしょに発行された新円のことで世上に広まった〈ある話〉を書いておく。いかにもこの時代らしい〈噂ばなし〉である。

近代史家の川村善二郎は、この時発行された新10円札にまつわる噂のことをこう書いている。

新10円札の右半分には横書き（右から）で〝日本銀行券　拾圓〟と二行に記され、その上に菊の御紋章、そこから拾圓を囲むように鎖状の紋様が伸びている。これは天皇の御紋章の菊が鎖につながれているという暗喩ではないか。

左には議事堂が描かれ、四隅に〝10〟〝拾〟の和洋数字が置かれているが、議事堂の窓の数は13で絞首刑の階段の数、手前にある噴水の姿は炎上中の戦艦大和を想像させるという。おまけに左下隅の〝10〟の下の彩紋はMP（Military Police 占領軍の憲兵）のように見える。そこから日本を監視しているのだ。

いまから見ると笑い話だが、こうした噂が流れる当時の世相がほの見えてくるようだ。

もちろんこれをデザインした相澤光朗《あいざわみつろう》にはそんな意図はなかった。それでも彼がデザインした新千円札は、そこに用いられた新薬師寺の伐折羅《バサラ》大将の像が憤怒をあらわしているからという理由で、五百円札は同じく広隆寺の菩薩半跏《はんか》思惟《しゆい》像が悲痛の相だからというので、占領下日本人の気分を誤って伝えそうだと占領軍当局のクレームがついてボツになっている。もっともこれらの紙幣は高額すぎる、インフレを助長するということで発行計画そのものが見送られることになるのだが。

何であんなに寒かったんだろう

――気象と犯罪・災害

手元に一枚の写真がある（スティール・コレクション　チャールズ・ペドル撮影）。写っているのは東京・有楽町駅のガード沿いの一角だが、今からは想像もつかない光景だ。女性は皆和服に割烹着姿、家はどれもバラックで、看板がいかにもその時代だ。中華料理大東楼はともかく、サロンらくちょう、日本競輪、宇都宮氷室、氷屋がこんな盛り場の表通りにあったんだ。これは昭和26年（1951）2月15日の写真。

目をひくのは、降り積んだ雪だ。この前日、東京は大吹雪だった。積雪は都心で39センチとなり交通機関は当然マヒ。開かれていた国会も、定刻登院した議員たった一名ということで休会、東京証券取引場も立会中止となった。

「銀座でスキー」なんて気楽なこともあったらしいが、後始末も大変だったろう。画面の女性たちはチリトリで雪をかいている。手拭の襟巻き、割烹着の下に手を入れて暖をとっている。

それにしても、何で戦後すぐはあんなに寒かったんだろう。

（「サンデー毎日」『銀塩記憶』掲載）

敗戦直後はとにかく寒かった

東京ではこれが戦後最大の積雪だそうで（戦前戦後を通じては明治16年の45センチ）、翌27年も雪が多く、2月には11日間も降雪を見た。その次の年28年にも戦後第5位（2月22日・25センチ）の大雪があって、「銀座につらら」のニュースが出た。そのまた翌年29年にも30センチの積雪が1月30日にあり、これが戦後第3位。たてつづけである。

ぼくたちはずっと〈ヒビ〉〈シモヤケ（霜焼け）〉になりっぱなしだった。ああ、こういっても若い人はキョトンとしている。シモヤケは寒さのために血行障害がおこるので、つまりは軽い部分的凍傷。かゆい、ひどくなると痛《いた》がゆい。ヒビはこれも寒さで、手足がガサガサになること。これは痛い。ヒビ割れがひどくなると、表皮が割れて中から赤い肉がのぞく。これが〈アカギレ〉、痛くてたまらなくなる。そこでアカギレ膏をつける。黒いカタマリの薬を割って傷口に埋めこみ、なんとこれに熱した焼火箸《やけひばし》を当てるのだ。ジューッと音をたてて煙があがり、溶けた膏薬がアカギレを埋めるという……ひどく野蛮な療法だが、みんなこれで辛《つら》い冬をすごしてきたのだ。

とにかく寒かった記憶しかない。いまどきの暖冬とくらべると、いまだにあの寒さが身にしみるような気がしてくる。

敗戦直後は、本当にそんなに寒かったのだろうか。調べてみて「えッ」と思った。記憶なんて当てにならない。

たしかに終戦の年、昭和20年の冬、東京は異常に寒かった。1月の平均気温が1.1°、2月が1.6°これはたしかに異常だ。1920年（大正9年）から1950年までの気温を平均した30年気温という標準データがあるが、その3.2°とくらべて見ると、その異常さがわかる。

その2月26日に東京ではやはり大雪があって、このとき、ぼくの家は空襲で焼けた。低温は夏まで続いて7月の気温は22.0°しかない。（以後すべて東京の気温だが）30年気温の平均値から2.5°も低い。「敗戦のレシピ」の項で述べた大正・昭和を通じての最大の凶作は、これが原因の一つだろう（85頁の表を参照）。

暖冬でも寒さの記憶しかない

ところが、昭和24、25年の冬というのは東京は気象庁創設以来の暖かさだったはずなのだ。

1月の東京は昭和24年で5.4°、平年より2.2°も高い。翌年も5.0°で1.8°高い。ぼくは昭和21年の秋に疎

東京の月平均気温（『東京都の気候』東京管区気象台編　気象協会より）

	昭和	1月	2月	3月
1945	20	1.1	1.6	6.6
46	21	3.4	4.2	6.2
47	22	3.5	2.7	6.8
48	23	4.0	5.1	6.5
49	24	5.4	6.5	6.7
50	25	5.0	4.7	7.7
(30年平均)		3.2	3.9	7.0
51	26	3.3	4.5	8.8
52	27	4.3	2.6	7.4
53	28	3.4	4.2	9.4
54	29	4.3	5.6	8.4
55	30	3.8	6.1	8.6

東京の月平均気温（『理科年表』による）

	平成	1月	2月	3月
1990	2	5.0	7.8	10.6
91	3	6.3	6.5	9.5
92	4	6.8	6.9	9.7
93	5	6.2	7.7	8.7
94	6	5.5	6.6	8.1
95	7	6.3	6.5	8.9
96	8	6.6	5.4	9.2
97	9	6.8	7.0	10.5
98	10	5.3	7.0	10.1
99	11	6.6	6.7	10.1
2000	12	7.6	6.0	9.4

開先から東京に戻って来たが、22年23年は平年並み、そして24年25年は暖冬と暖かかったはずなのに、寒さの記憶しかない（85頁の表を参照）。

もちろん燃やして暖をとる燃料が炭にしろ薪にしろ乏しい。が、その他にも寒い原因がある。一つはもちろん栄養不良で、あの食糧難の時代、ろくなものを食べてないのだから、しかたがない。もう一つは、着るものがなかった。

冬のオーバーがない。当時みんな冬、何を着ていたろうか。なんとか焼け残ったものがない人は、軍隊毛布を縫い合わせたもの、そしてアメリカの古着。このアメリカの放出物資が助かった。〈ララ物資〉である。Licensed Agency for Relief in Asia の頭文字をとったもの。アメリカの宗教・労働・教育団体が連合して食糧・衣料・薬品等を供給してくれたのだ。前に出て来た乾燥卵なんかもそうだったろう。とにかく日本人がこんなに恩義を感じたものはない。そしておそらくアメリカ人への好感情を抱かせた最大の成功例だったに違いない。ぼくもアメリカ人の供出によるララ物資のオーバー（おそらくサイズからいって幼児のお古）を大事に大事に着ていたのだ。

こんな具合だから、いかに気温が高かろうと、寒さが骨身にこたえたことをわかってもらいたい。

表を二つ掲げておく（85頁）。地球温暖化・都市の温室効果でどんなにいまの東京の冬の温度が上っているかがわかるだろう。

これほどぼくが気温にこだわるわけは、過去の再現を試みるときに温度ぐらい忘れられているものはないし、またこれほど効果的にその当時をよみがえらせるものはないからだ。

敗戦直後の日本で、実際の気温よりはずっと冬の体感温度が低く、寒かったことを想い出すだけで、いわば歴史に体験がよみがえってくる。文春新書『面白すぎる日記たち』を書いたときは、つくづくそう思った。

フランス革命、関東大震災と異常気象

フランス革命が起ったとき、パリは異常気象で、暑い冬・寒い夏の年だったこと（セレスタン・ギタールの日記）、関東大震災のときの東京の9月1日が、涼しすぎる8月の中旬、急に気温が上昇して暑さがぶり返した月末の後だったこと（『修禅寺物語』や『半七捕物帳』の岡本綺堂日記）、こういうことを知ると、気温は歴史に大きな影響を与えているような気がする。

これほどの大事件でなくても、昭和20年代の犯罪事件と気温の関係を調べると、そこに非常に興味深い事実が浮かび上ってくる。

兇悪事件と当時の気象

前にも出てきたが、

〈歌舞伎俳優・片岡仁左衛門一家惨殺事件（昭21・3・15）**〉**

同居人が食べ物の恨みから、仁左衛門、もと日活女優だった妻、三男、お手伝いさんと子守りの住み込みの女の人二人（うち一人は犯人の実妹だったそうだ）の五人を薪割《まきわ》りで殺した事件。

この犯行日前後の東京の気温を調べてみる。（ ）内は例の30年平均気温だ。

一日の平均気温

月・日	℃
3・14	5.8 (6.8)
3・15	5.0 (6.4)
3・16	3.9 (6.6)
3・17	2.1 (7.4)

犯行の行われた15日を境《さかい》に気温が急に下降して季節はずれに寒くなっていることがわかる。

いくつかの事件（すべて東京で起きたものに限るが）をひろってみよう。気象資料はいずれも『東京都の気候』（東京管区気象台編　気象協会）によっている。

〈帝銀事件（昭23・1・26）〉

東京・池袋の椎名町。ここの銀行で行員12人が青酸カリで毒殺された事件。犯人としてテンペラ画家平沢貞通逮捕。昭和30年に死刑判決が確定されるが、真犯人か否かの議論が絶えなかった。結局死刑は異例の長期間執行されないまま、平沢は96歳で病死する。

一日の平均気温と平均湿度

月・日	℃	湿度%
1・22	8.6	71.0
1・23	8.9	79.6
1・24	7.7	82.3
1・25	5.5	71.6
1・26	2.1	93.7

当日急に気温が下がっている。朝、温度は0度近く、小雪になった。それまでの何日かは逆に異常に暖かかった。

午後4時ごろ現れた犯人は東京都防疫官の腕章を巻いて信用させ、流行していたチフスのワクチンだといって青酸カリ入りの液体を飲ませたのだが、生存者の証言による似顔絵の、何枚かあるうちの一枚が妙に印象に残っている。ゴムの長靴をはき（赤色だったともいう。なんと不思議な色だろう。雪は昼前に止んだが、道は泥濘だった）、茶色（一説にはグレイ）のオーバー、そしてこれが本当に奇怪なのだが、手にもう一着、スプリング・コートを持っている――。急に下がった気温で、急いで着替えたのだろうか。

気温と湿度のデータを加えてみると、にわかに過去が生々《なまなま》しくよみがえってくる。

〈下山事件（昭24・7・6）〉

現職の下山定則・国鉄総裁が北千住―綾瀬間の線路で轢死《れきし》体として発見され、自殺か他殺かで大論争になった。当時国鉄は大量の馘首《かくしゅ》を予定していて、犯人の憶測もＣＩＡ説も含めてさまざまだった（結局迷宮入り）。

当時の記録にある気温を見ると、表のようにすこし涼しいが、事件後書かれた週刊誌の記事に、犯行が行われたと推定される6日の午前0時ころ、気温が25°ぐらいあったとある。夜になってかえって梅雨時の蒸し暑さが増したのがわかる。死体発見は急な豪雨が過ぎた後で、それでも死体の下は乾いていたという証言がある。この雨で失血量の測定をはじめ法医学鑑定が困難になった。

月・日	℃	湿度％
7・5	22.5（24.3）	77.0
7・6	20.9（24.0）	92.8

〈八宝亭事件（昭26・2・22）〉

築地の中華料理店の一家４人が惨殺された事件。警察に通報した従業員が犯人だった。

この事件が報道されたときの、冬にしては異様な高温をよく覚えている。湿度の変化を考えると、急激に天候が変化していったと思われる。

月・日	℃	湿度%
2・22	12.2（4.0）	76.3
2・23	8.6（4.6）	84.7
2・24	9.2（4.5）	72.3

〈バー・メッカ殺人事件（昭28・7・27）〉

これもよく覚えている。ひどく蒸し暑い日が続いていた。「この蒸し暑さじゃ、人を殺したくなるよね」と近所の人が言っていたのも（証券ブローカーを殺して40万円を奪った正田昭が慶大卒のインテリであることがこの事件を有名にしたのだが）、その犯人の写真が細面《ほそおもて》のいかにもインテリ然としたものだったことも、よく覚えている。

月・日	℃	湿度%
7・26	28.4（25.8）	79.8
7・27	28.1（26.3）	80.5
7・28	28.0（26.5）	82.7

〝何であんなに暑かったんだろう〟という項も加えたいほど、冷房のない当時の暑さもひどかった。暑さも寒さも、いま残されている観測数字よりは、体感温度のほうがずっとすさまじかったのだ。

煩雑《はんざつ》をおそれず数字を並べたのは、なにも天候が人間の犯罪行為のひきがねになる、といったことを立証しようというのではない。ただこうして気温や湿度の記憶といった〈日常の感覚〉を復活させると、にわかに過去の事件に陰影がつき、リアルにいきいきしてくることをわかってもらいたいのだ。

戦後の気象のことはもっと想い出したほうがいい。もう今となっては覚えている人も少ないだろうから、記録を調べてそれをよみがえらせるべきだ。

しかし、肝心の記録が抹殺されていたらどうなるか。

大地震、大津波の連鎖

気象は気温・湿度ばかりではない。地震・台風・津波・洪水・噴火……災害をもたらす気象はさまざまある。その中で日本人がいちばん関心をもつのは地震のことだ。

2004年12月末のスマトラ島沖巨大地震とそれに伴う津波は世界中に強いショックを与えた。そして追いかけるように、たった150キロしか離れていない場所を震源に、再び巨大地震が起った。余震とはいえない、これは前の大地震がひきがねになった双生児《ふたご》の地震だと専門家が分析するにいたって、日本中が蒼《あお》ざめた。日本には東海・東南海・南海という、たがいに誘発しあう可能性を持った海溝型巨大地震とそれに伴う津波の危険が常にあるからだ。

この大地震・大津波の連鎖の近世での記録は安政元年にある。

まず11月4日に東海沖（M《マグニチュード》8.4と推定される）が起った。わずか一昼夜の後11月5日南海沖（M8.4）が起きる。津波とあわせて2000〜3000人以上の死者が出た。これればかりではない、地震はこの年から頻発《ひんぱつ》し、ちょうど開国を要求して来航したペリーの黒船に呼応するように、日本全土が震えつづけた。不思議にも横浜・長崎を開港した安政6年になると地震はやむ。

こんなに歴史をさかのぼらなくてもいい。終戦をはさんで東南海地震と南海地震が連続した。南海地震は昭和21年12月21日、4時19分に起った。M8.0、被害は九州から愛知にまで及ぶ。死者1330人（異説に1362人、以下括弧内に示す）、家屋全壊2万戸以上、火事が起ったから焼失戸数2598戸（2632戸）。

これに伴う津波の被害も大きかった。房総半島から九州まで津波は襲い、三重、高知、徳島の沿岸で4〜6メートルに達したと記録にある。流失家屋は1451戸（2109戸）、地震後10分ほどで各地が襲われはじめたが、流速はゆるくて大人の駆け足ぐらいだったともいわれている。

報道されなかった東南海地震（昭和19年）

翌22日の新聞は当然一面大見出しだった。朝日新聞は一面大半をついやして〝西日本に大地震と津浪〟〝和歌山、高知　被害は甚大〟〝浸水七千戸　和歌山に大津浪〟〝雷鳴とともに津浪生地獄宛《さなが》らの海南市〟〝関東大震災よりも大きい〟〝新宮市燃ゆ〟と報じている。

ところが二面には、地震関係の記事が何もない。

そもそも当時の新聞は、いまの半ペラ一枚で、一面と二面しかなかった。用紙不足のタブロイド版発行だったのだ。地震記事をこれ以上掲載する紙面の余裕がない。次の日、23日の紙面（以下、すべて朝日の紙面を見てゆくが）は二面に〝地獄の町を逃れて〟という三段の特集があるが、一面にはもう何の地震の記事もない。

巨大地震に対して、いまでは考えられない扱いだ。しかしこの南海地震はまだ報じられただけよかった。おそらくこれと対《つい》をなすと思われる昭和19年の東南海地震は、ほとんど何の報道もされなかった。

戦時中の報道管制、防諜対策のためだった。後に明らかになった地震の規模と被害は次のようなものだ。

発生は昭和19年12月7日の13時35分、震源は紀伊半島東で深さ30キロ、M《マグニチュード》7.9。被害は静岡・愛知・岐阜・三重に多く、死者998人（872人）、重傷3059人（1859人）、住宅の被害は統計に数字のひらきが大きくて一説では2万5000戸を越え、一説では1万3000戸余りと半分になっている。地動は比較的ゆるやかだったという。津波は熊野灘沿いに6〜8メートルのものが押し寄せ、尾鷲《おわせ》では9メートルに達した。伊豆下田でも最大2.1メートルのものが観測され、流失家屋は約3000戸に及んだ。紀伊半島東部では30〜40センチメートルの地盤の沈降が見られた。

これほどの災害だったにもかかわらず、翌12月8日の新聞はこうだ。社説には〝必勝の誓ひ新たに〟（この日は「大詔奉戴日《たいしょうほうたいび》」、大東亜戦争開始の記念日だった）。地震のことはたった二段〝昨日の地震〟のリードで「遠州灘に震源を有する地震が起つて強震を感じて被害を生じたところもある」、〈浜松〉「浜松地方の地震は弱震を感じて間もなく急激にその強さを増したが、空襲の体験を得て来た一般人の待避はまづ順調であつた。浜松市内外の工場方面では地震によつて生産力を落しては相済まない、今八日は平常通りの作業を行ふばかりか逆に能率をあげようと……（以下略、本文は五行）」、〝焼夷弾とも戦ふ〟〈静岡〉「二時二十分ごろ高波あり。浸水家屋を生じた。この夜空襲があつて火災が起つたが闘志に燃える県民は忽ち躍りかゝつて被害を最小限度に食ひとめた」、〈東海〉「一部に倒半壊の建物と死傷者を出したのみで大した被害もなく……（略）」

地震予知、防災対策が大きく遅れた

戦時中の欺瞞《ぎまん》的報道の典型だが、この隠蔽《いんぺい》が二つの巨大地震の間の関係を長いこと一般に知らせなかったことの罪は大きい。地震国日本の地震予知、特に三大巨大地震の連続発生に対する防災対策は、これによって大きく遅れた。

この時期の災害は、戦時中か戦争後か、ほんの少しの時間差でまったく報じられなかったり報じられたり、その差が大きい。

局地型の地震（この被害が意外と大きいものだ）でも、昭和20年1月13日に愛知県南部渥美湾内を震源として起った〈三河地震〉（死者約2000人、家屋全壊約5500戸）はただ「地震があった」と一行報じられただけで、まったく黙殺された。

昭和23年6月28日の〈福井地震〉はM7.1、これも丸岡町付近を震源とする直下型で、旅客列車が転覆し、片山津温泉に津波が来た。非常に振動が大きく、しかも大火災となったから死者3769人、家屋の倒潰は3万5000戸を越え、4000戸近くが焼失するという大惨事となった。

しかしもうこの時代は新聞もかなりに復興が進んでいたから、福井市内の大和百貨店のビルが崩れかけている有名な写真も掲載され（今でもよく災害史でお目にかかる）、報道もゆきとどいたものだ。

福井の人たちはいまだに恐怖の念をもってこの地震の話を語る。ところが三河地震のほうは地元の人の記憶もすっかり薄らいでいるようだ。災害も書いた記録が残ると残らないとでは、後世の人への伝わり方もこのように差が出来るのだ。

敗戦後の数年間は「殺人電車・列車」の項で挙げた鉄道災害も含めて、本当に災害の多い年だった。なにか天の処罰を受けているような気分が日本全土を覆っていた記憶がある。

台風などの災害

(昭和)年・月・日	台風名	地域	死者・不明者	全半壊家屋
20・9・17〜18	枕崎台風	西日本	3756	88037
22・9・14〜15	キャスリン	関東以北	1529	12761
23・9・15〜17	アイオン	東北	838	18016
24・8・31〜9・1	キティ	東日本	160	17203
25・9・3〜4	ジェーン	近畿・北日本	539	120923
26・10・13〜15	ルース	山口・東北以南	943	72653
28・6・25〜29	水害	九州・中国・四国	1013	17370
29・5・8〜12	風害	近畿・北日本	770	2074
29・9・25〜27	洞爺丸台風	全国	1698	30167

大火災害

(昭和)年・月・日	地名	焼失戸数	原因
21・6・8	村松町(新潟)	1208	煙突の飛び火
22・4・18	青森市	800	
22・4・20	飯田市(長野)	4010	煙突の飛び火 強風・干天
22・4・29	那珂湊町(茨城)	1558	煙突の飛び火
22・5・16	三笠町(北海道)	1450	煙突の過熱
22・10・17	下関市(山口)	800	七輪の残り火ペンキに引火
24・2・20	能代市(秋田)	2239	ストーブの残り火
25・4・13	熱海市(静岡)	979	タバコがガソリンへ
27・4・17	鳥取市	5719	機関車の飛び火
29・9・26	岩内町(北海道)	3398	火鉢の残り火 強風

いずれも「年表　昭和の事件・事故史」(小林修)と「毎日新聞戦後の重大事件早見表」(毎日新聞メディア編成本部)を基に作成

〈台風災害〉と〈大火〉の戦後十年間の主な記録を前頁に挙げておく。この時期の台風の記憶は、外国人女性の名がついていたこととあわせて、だんだん遠のいてゆく。

シベリヤ抑留
――64万人の拉致

異国の丘

（作詞・増田幸治　作曲・吉田正　唄・竹山逸郎）

一、今日も暮れゆく　異国の丘に
友よ辛《つら》かろ　切《せつ》なかろ
我慢だ待ってろ　嵐が過ぎりゃ
帰る日もくる　春がくる

三、今日も昨日も　異国の丘に
おもい雪空　陽がうすい
倒れちゃならない　祖国の土に

辿《たど》りつくまで　その日まで

岸壁《がんぺき》の母

（作詞・藤田まさと　作曲・平川浪竜　唄・菊地章子／二葉百合子）

一、母は来ました　今日も来た
この岸壁に　今日も来た
とどかぬ願いと　知りながら
もしやもしやに　もしやもしやに
ひかされて

三、悲願十年　この祈り
神様だけが　知っている
流れる雲より　風よりも
つらいさだめの　つらいさだめの
杖ひとつ

この二曲の歌を、いまは誰も知らなくなった。

二十年前なら、たいていの人が知っていた。そのまた二十年前なら、皆が唄えた。

ぼくはピンク・レディーがヒットしていた1970年代末に、「想い出ぼろぼろ」(作詞・阿木燿子、作曲・宇崎竜童)で大人気だった内藤やす子(今はロック専門に唄っている)に「岸壁の母」をリサイタルで唄ってもらって、その巧さに驚嘆した覚えがある。この、当時いちばん最前線にいた歌手が日常この歌を口ずさんでいた。いかに日本人の間でポピュラーだったかがわかるだろう。

両方とも〈シベリヤ抑留〉の歌だ。

シベリヤに抑留された父

8月15日にポツダム宣言を受諾してすぐ、23日には外地からの〈引揚げ〉が開始された。

しかし昭和19年の春に召集され北支にいるはずのぼくの父は、いっこうに帰国しない。帰国しないどころか消息も知れない。じつは、8月15日の一週間前に突如、対日宣戦布告してきたソ連軍の管理下にある地域の日本軍の兵士がどうなったかがほとんどわからない。

日本の外務省がその行方を知ったのは、翌昭和21年の年が開けてのAP電「日本兵捕虜はシベリヤへ送致、目的は不明」だったという。信じられない話だが、そう伝えられている。なにしろその数は60万人以上である（これは20年11月に「プラウダ」紙が発表している）。

父はどうもシベリヤ送りになったらしいのだが、何一つ生死の知らせも所在も、家族のところへ情報は来ない。ラジオの〈尋ね人情報〉（昭21から開始、十年間続いた）にかじりつく日々だった。

一家の支柱が帰ってこない。戦後一年たつと、日本政府は「海外同胞の総数660万人、そのうちの450万人は本年末までに帰国の予定」と発表する。ぼくの周囲ではみな父親が何はともあれ無事で、続々と帰国してくる。親戚に肩身せまく寄食しているこちらは、焦る、不安だ。

米英占領地からの引揚げは着々進んでいるのに……。そのアメリカGHQ（占領軍最高司令部）に働きかけても「ソ連には伝えるが、影響力は行使出来ない」との返事。占領下でずっと続いた米ソの綱引きがここでも大きく影響する。

やっとシベリヤからの引揚げ第一船が京都・舞鶴に入港したのは昭21年12月8日のことだ。しかもすぐ中断する。

すこしずつ情報が入ってくる。しかしそれはかえって絶望的なものだ。劣悪な収容条件、厳しい気候、そして苛酷な労働条件（強制労働させられていたのだ）で多数の死亡者が出ているとのこと。ソ連占領下の満州・北朝鮮などからの一般人引揚者が体験した地獄図の目をおおわしむる凄惨さは耳にしていたから、シベリヤ抑留も想像がつく。はたして生きて帰れるのだろうか、居ても立ってもいられない。

酷寒の地に送られた日本兵64万人

ソ連軍の捕虜となった日本軍兵士の数は精確な数字は特定出来ないが、おおよそ64万人と思われる。送致された先は東部・中部・西部のシベリヤ、カムチヤツカ、サハリン、中央アジア、欧州ソ連、外蒙古に及ぶ。

これらは冬期にはマイナス30°〜40°にもなる酷寒の地だ。ここに抑留された日本兵は鉄道、道路建設、炭鉱採掘、森林伐採、資材輸送、施設構築に強制使役された。じつに死者の数は全体の一割、6万4千人に及んだ。

まず収容所へ送られる長途の貨車の旅で体が痛めつけられた。送致がはじまったのは降伏後しばらく経ってからが普通だったらしい。十一月ともなれば、これらの地は冬である。外から扉を針金で封じられた貨車の中で大便も小便も出来ない。強引に床に穴を開けたが寒風が吹き込んで凍《ここ》えそうになる。

駅に止まるごとにソ連兵が現れて物を強奪してゆく。時計、万年筆、毛布、特に毛布は後に手痛いことになる。少しでも多く持っていればこれで防寒具が作れた。こんなことが生死を分けたのだ。

鉄条網の中の収容所《ラーゲリ》はバラック同然だったが、何よりも食糧がない。小さなイモや豆が飯盒《はんごう》一杯、それならなんとか十分じゃないかといわれそうだが、これが五人分なのだ。収容所の敷地の中に生えている青い草はたちまち食べつくされることになった。キャベツの根も、イモ・マメ・キビの殻も、ヨモギの枯葉もみな糧秣と化した。

凍った牛馬の糞を馬鈴薯とカン違いして取り合い殴り合いになったとか、ソ連兵をおだててムササビを射ち落させその肉を食べたとか、いまの若い人には奇妙に思える話ばかりが手記となって残っている。渡辺由蔵『異国の空』（ジャスト出版）は大部の絵日記で貴重な資料だが、森林伐採に従事させられたとき与えられる食糧はオートミールか高粱で、朝昼一度にもらい昼は持って山へ行く、夕食はパン三〇〇グラム、腹がへって朝昼一度に食う者も多く、昼食べずに夕食に昼夕一度に食べる者もあったが、体力は日一日と弱って来た、とある。

後に帰還した父の話によると、炭鉱に行った者より伐採に行かされた者のほうが死亡者が多かったという。特に最初の冬、戸外の労働でシベリヤの冬将軍にやられた人間が続出した。この状態で病気になったら、ひとたまりもない。

手記に書かれた驚くべきこと

いまのぼくたちが頭で考えてもとてもわからないことが、手記には書かれている。労働も辛《つら》いけれども、労働の現場が異常に遠いことも皆を苦しめた。四キロ行軍してから作業なんてことはザラだった。それでいてノルマ（課せられた作業量、守らねば懲罰として食糧を減らされた。日本でも流行語となった）は変らない。いや、だんだん増えていった。ソ連の将校は巧妙で、食糧の支給を増やすからといってノルマを上げる。皆これにひっかかった。最後にはどこでも初期の三倍ぐらいになっていたらしい。

すこしでもサボって焚火などしていると容赦なく棍棒で殴られる。

いちばん辛かったのは、自分たちがラーゲリ内で焚くストーブの薪を採ることだった、という。最初はどういうことかわからなかった。一日のノルマ遂行でもう体力はギリギリで、その上の労働はもうそれがどんなに必要でも、またそれほどの量でなくても、本当にしんどいことだったろう。

すこし収容所生活に慣れて来ても、相変らず死者は出る。食料の足しにと採った毒キノコに当った者もいる。野草をラーゲリに持ち帰るのが厳禁で、厳重な身体検査があったのもこのためで、何が毒草か異国の草だから見当もつかない。餓えているのに腹がパンパンにふくれるのは野草腹というそうで、これは父からも聞いた。前出の『異国の空』によると、ドングリ病というのもあったらしい。ドングリは二十箇ぐらいまでは何でもないが、三、四十箇食べると船酔いと同じ症状が出る。シブのおかげらしい。馬の糧秣である燕麦やコーリャンを盗んで炒って食う。ナマ炒りのものを食べると糞づまりになり、命をとられそうになる。こういうことで生命を落した人も、ずいぶんいたのではないか。しかし、死亡の原因は餓えと寒さだけではなかったのだ。

長期抑留による異常心理も

（前出の）手記を読んで感銘を受けたことがある。

それは兵士たちが〈一般人を見捨ててきた〉ことをずっと後悔していることだった。例えば志田行男『シベリア抑留を問う』（勁草書房）にはそのことがくり返し書かれている。

ソ連軍侵入当時の日本関東軍の行動については非難がやまない。ソ連軍の暴虐もさることながら一般人、特に在留邦人の保護を卑劣にも放棄した責任を追及する声は高かった。ほとんどの男子は召集・徴用されていたから、悲劇の逃避行をしたのは女と子供だ。防衛企図の秘匿ということで、兵隊たちと女子供の集団がすれちがっても声もかけられない。兵隊たちも自分がどこに連れて行かれるか、わかってないのだ。

満鉄（南満州鉄道。鉄道ばかりでなく、半官半民の日本の国策遂行会社だった）は総裁がソ連軍と交渉して社員15万人は無事帰国出来た。哀れだったのはそうした庇護のない普通の人々だった。

いまだにこの時発生した中国残留孤児の問題は全面的には解決していない。

しかし長期の抑留は、こうした兵士たちの感情にも歪みをもたらす。前出の抑留絵日記の昭和21年正月の項には「この国に正月は無い、従って食事の量も変化なし、空腹をかかえ床につく。敗けたとはいえ日本内地は何か腹一ッパイ食う物はあるだろう。食いたい。寝たい。帰りたい」、そして「我々に罪はないはず。命令した将校が重労働が当然ではなかろうか」と呪詛の声が出てくる。その反面、元旦に「全員収容所に集会、軍人五ヶ条を奉唱し、はるかに宮城と祖国の妻子、親兄弟の安泰を祈った」の記事がある。旧軍隊の組織と精神がカスのように残っている。

抑留の異常心理がメタンガスのようにフツフツとわいてくる。ケンカやいさかいも多くなる。収容所全体にコックリさんが大流行していた（渡辺由蔵）ともいう。後に述べる〈暁に祈る〉事件の素地が出来上っていたのだ。

ラジオののど自慢で「異国の丘」

シベリヤからの引揚げが本格的に再開されるのは昭和24年6月からだが、それ以前に帰国した人たちからの情報で、父がナホトカ近郊の収容所にいることがわかった。戦友の生死の情報を日本に残された家族に伝えるのは帰還者の責務と考えられていた。有難いことに、あの殺人的な交通事情にもかかわらず、わざわざ遠隔地から訪ねて下さる人は多かった。手紙だけでは気持ちがすまない。先に帰国したのは幸運ではあったけれど、それだけ心の負い目もあったのだ。

昭和23年8月1日のこと、昭和21年からはじまったNHKラジオの『のど自慢』に中村耕造というシベリヤ帰還兵が出て、聞き慣れない歌を唄った。シベリヤのラーゲリで作られ唄われてきたものだという。聴いた人間は皆涙した。作者不詳のままレコード化されたのが「異国の丘」で、のちに作曲者の名は吉田正と知れる。後年の「有楽町で逢いましょう」以下日本の流行歌のヒット作の多くを作った人の、世に知られた最初だった。

「岸壁の母」は昭和29年の作品で、「異国の丘」とは六年のひらきがある。岸壁《がんぺき》とは京都府舞鶴市、その東舞鶴平《たいら》部隊の大桟橋《さんばし》のことだろう。もともと舞鶴鎮守府があり、航空母艦や戦艦が日夜出入りしていたところだ。それが戦後引揚船、特にソ連からのそれの引揚港になり、旧軍施設の広大な二階建ての兵舎が引揚宿舎に転用され、引揚援護局はここで引揚者の職業補導や生活援助をするようになる。

シベリヤ抑留の平均年数は、ほぼ三年半だったそうだ。最終の帰国者は何と11年後だった。ぼくの父は平均よりすこし遅かったぐらいだろうか。それでも幸運なほうだ。

第一回の引揚げから8年間、帰らぬ我が子を求めて連絡船が入港するたび、東京から舞鶴まで通いつづけた母親がいる。「岸壁の母」はこの人のことを聞いた作詞家藤田まさとが一気に書きあげたものだそうだ。

「異国の丘」も「岸壁の母」も、歌の題名がそのまま一種の流行語（流行語というにはちと重すぎるが）になったが、もう一つ、「暁に祈る」もそうだった。これはもう流行語とはいいたくない。

「暁に祈る」で日本中が憤激

昭和24年3月15日付けの朝日新聞に、ウランバートル収容所で抑留兵士に対する残虐なリンチが行われていたという告発記事がのった。ノルマを達成出来なかった兵士は、酷寒の屋外で立木に縛りつけられ、夜じゅう放置された。翌早朝、兵士たちは頭《こうべ》を垂れた恰好で絶命していた。ここからこの懲罰法は〈暁に祈る〉と名付けられた。

驚くべきことに、これを命令したのは日本人だった。ソ連側に迎合した吉村隊長（本名・池田重善、もと憲兵だったことが暴露されることを怖れ偽名を使っていたといわれる）が見せしめのためにしたことだった。これには日本中が憤激した。

結局、国会もとりあげ、吉村は告訴されて懲役三年の実刑判決を受ける。ソ連の不当な抑留とそこで行われている酷使に、日本人同士助け合って耐えている——そう思っていた人々には手ひどいショックだった。抑留所の中で日本人が日本人を密告し、私刑し、おたがい疑心暗鬼となっている、そんなことがあっていいだろうか。〈暁に祈る〉の次につきつけられた抑留の実態は、いわゆる〈民主化運動・思想教育〉の問題だった。

実は軍国歌謡の題名だった

その前に、〈暁に祈る〉がなぜあれほどショックだったのか、今ではもうわからなくなっている事実が一つある。それは〈暁に祈る〉という言葉が、そのころの日本人にとってとてもポピュラーだったことだ。

それは昭和15年に発売された軍国歌謡の題名だった。こんなことも若い人のためには解説がいるだろうが、戦前のヒット曲の寿命というのはいまでは考えられないほど長い。五年や十年はザラなのだ。戦後ずいぶん後になるまで戦時中流行した軍歌や軍国歌謡はよく唄われていた。「暁に祈る」(作詞・野村俊夫　作曲・古関裕而)もそうだった。その歌詞はこんなものである。

「ああ、あの顔であの声で／手柄《てがら》頼むと妻や子が／ちぎれるほどに振った旗／遠い雲間にまた浮ぶ〃ああ、堂々の輸送船／さらば祖国よ栄《さか》えあれ／はるかに拝む宮城の……」

この歌詞とあの処刑の、あまりに残酷な対比が、その当時のぼくたちを震えあがらせた。父たちは、兄たちは、こんな死に方をするために出征したのだろうか。

どの歴史書にも、こうした庶民の心の中のことは書いていないし、また書けない。

思想教育、洗脳、「祖国モスクワ」

昭和24年の6月にソ連からの引揚げの本格的再開があり、二千人をのせた高砂丸が舞鶴に入港した。ところが船上では赤旗が振られ、インターナショナルの歌声があがって、出迎えの人々を驚愕させた。このときの帰国者中２４０人が即刻日本共産党に入党する。以後、後続引揚者の中から上陸拒否者が続々あらわれ、警察隊との衝突がくり返されるようになる。

抑留の最初には秩序維持のため旧日本軍の軍隊組織がかなり維持されていたことは前に述べた。長く続く抑留の間に当然これが緩んでくる。若い兵隊の中には不平不満もたまる。初期の〈民主化運動〉は自然発生的なところもあった。後押ししたのはソ連の思想将校たちで、このあたりから運動は変質してゆく。一方、いずれ送り帰す抑留兵を日本での共産勢力の尖兵としようとする試みがあって、若い兵隊を選抜して〈思想教育〉をほどこした。いわゆる〈洗脳〉だが、これら〈活動分子〉の人間がラーゲリに帰ると運動の変質はますます加速され、〈反動分子〉の密告、〈吊しあげ〉と称する、相手を立たせたまま数百人の人間が長時間にわたって絶叫・糾弾する大衆集会が横行するようになり、後期民主化運動の消えない汚点となった。

おそらくソ連本体の中で勢いを増していったスターリンへの個人崇拝の傾向が、これと関係があるのだろう。スターリン閣下への忠誠を誓う署名というのが必ずこの民主化運動・啓蒙運動にはつきまとった。しかし年配の兵隊の中には、革命歌を唄うのも、ましてや「祖国モスクワ」ととなえることを嫌悪・拒否する人々が出てくる。これらの人に与えられた迫害、特に反動分子は帰国させない、そのようにソ連当局に報告するという脅迫の事例は枚挙にいとまがない。

シベリヤ抑留の問題は、日本人同士がこうした醜い人間的側面をさらけ出したことにあるのだろう。そしてそれこそが、シベリヤ抑留を我々に忘れさせている、拉致や抑留がこれほど問題になっている昨今なのに、すこしもこの問題が〈国民の記憶〉に蘇ってこない要因になっているのだろう。

憎しみは消えないものだ

父にはもっとシベリヤ抑留の話を聞いておけばよかった。

しかし、父は抑留の嫌悪すべき記憶、辛苦の部分は決して語らなかった。話してくれるのは一般のロシヤ人、特に農民の人のよさだった。「あいつらもノルマがあり、あいつらも食料は乏しかったのだよ。でもいいやつが多かったなあ」。

それと「冬はひどいもんだが、シベリヤの春はいいよ。五月も末になると、黒い大地がずっと続く地平線のあたりに一筋、緑の色が現れる。翌日になると、その緑の線がぐっと近寄る。そのまた次の日は、もっと近い。そしてその次の日、足もとに緑の草が芽生《めば》えてるんだ」。ひどくなつかしそうだった。死ぬまでにもう一度行きたい、といっていた。行けはしなかったが……。

父がこぼしていたのは、シベリヤ抑留で帰国が遅れ、戦後商売を再開する機を逸したことだった。そのことがひびいてか、戦前あれほど盛況だった父のビジネスは結局うまくいかなかった。

父の後半生をだいなしにした抑留（それは子供たちや母にも大きく影響したのだが）をぼくは許せない。いくらエリツィンが来日して謝罪しても許せない。ソ連に対する嫌悪感は折にふれてふき出す。

こういう体験は忘れられるものではない。その意味で中国や朝鮮半島の人々の日本に対する感情はよくわかるところがある。憎しみは消えないものだ。ただ、それを増幅させるか、どうか。そこに問題はあるのだ。

玉音放送

○（正午の時報）
（アナウンサー……和田信賢）
○只今より重大なる放送があります。
全国聴取者の皆様御起立を願います。
○（情報局総裁下村宏）
天皇陛下におかせられましては、全国民に対し、畏《かしこ》くも御自ら大 詔《おおみことのり》を宣《の》らせ給う事になりました。

これよりつつしみて玉音をお送り申します。
○君が代 （レコード）
○詔書 （天皇陛下・録音再生・一〇インチ製2枚）

○君が代（レコード）
○（情報局総裁）
謹みて天皇陛下の玉音放送を終ります。
○（以下和田放送員）
謹んで詔書を奉読いたします。
（詔書）（全文）
謹んで詔書の奉読を終ります。

（竹山昭子『玉音放送』〔晩聲社〕による）

「皆様御起立を願います」と言ったか言わなかったか

〈玉音放送〉のことでは、ずっと不満があった。それは、いつも昭和天皇の詔書録音（つまり玉音放送の本体）だけがとり上げられるからだ。この放送には、ここに書き出したような〈枠〉があった。特に前枠の和田信賢アナウンサー（戦後「話の泉」の初代司会者などで茶の間の人気者になったが、すぐに海外で急死。もちろん当時のトップ・アナだった）のコメントと〈天皇陛下のお声〉のあと、もう一度詔勅を読み返しているところは重要だ。

ずっと以前、昭和30年代の終りだが、なりたてディレクターのぼくが演出したドラマで終戦の日のシーンがあった。家族が全員ラジオの前に集まっている。ラジオはまだ陛下の声を流していない。

正午の時報のあと、詔勅の前に枠アナがあったことまではわかっていたが、その内容、何をどう言ったのかNHKに問い合わせてもいっこうに要領を得ないのにはまいった。玉音放送全体を枠ごと同時録音したものがあればいいのだが、それがない。いや、あったのだがすぐに破棄された。進駐軍に接収されるのを怖れたのだという。

じつは「皆様御起立を願います」と言ったか言わなかったかが知りたかったのだ。これがわからないと芝居の付けようがない。立たせるのか座らせるのか。ぼくの記憶では、後でもう一度書くが、そこのところがあいまいなのだ。

放送の枠の内容なんて誰も注意を払わなかったからその時は不明のままだったが、この中に重要な事実がいくつも隠されている。

さまざまな人の努力によって、放送原稿や記憶をたどることで放送の全内容が次第に明らかになっていった。竹山昭子さんの『玉音放送』(晩聲社　1989年)にその経過がくわしく書かれている。この文もこのへんのところはすべて同書に拠《よ》っている。

ただ全部のことがわかってくると、逆にぼくの中に、現在の〈定説〉に対する小さな疑問がいくつかと、もう一つ大きな疑問がわいてきた。

玉音放送の予告文

その前にもうすこし、データを書く。これも前掲書に拠っている。放送は全部で37分半だったという。

これだけ長いのはこの後に内閣告諭、終戦決定の御前会議の模様、交換外交文書の要旨、ポツダム宣言受諾となった経緯、ポツダム宣言正文……と続いたからで「『大詔を拝し奉りて』鈴木総理大臣の放送は二時からであります」の告知で終る（実際には午後7時のニュースの後で放送された）。もっともこの後の部分は、ショックに打ちのめされてほとんどの人が聞いてなかったらしい。

この日はこれ以降、午後3時（40分間）、5時（20分間）、7時（40分間）、9時（18分間）にニュースがあった。

〈玉音放送の予告〉はすでに前日14日午後9時のニュースの時間に行われた。そして15日午前7時21分のニュースでは二回予告文が読まれたという。当時朝7時台のニュースはもっともよく聴かれ、夜9時のそれは一日のしめくくりだった。それにしても玉音放送を聞きもらしたという人がきわめて少ないのは、人々がいかにラジオのニュースを情報源としていたかがわかる。

予告の文面も非常によく吟味されている。

それはこのような予告だった（8月15日午前7時21分のもの）。


謹んでお伝へ致します。

畏《かしこ》きあたりにおかせられましては
この度　詔書を渙発《かんぱつ》あらせられます。

（ポーズ）

畏くも　天皇陛下におかせられましては本日正午おん自ら御放送遊ばされます。

洵《まこと》に恐れ多き極みでございます。

国民は一人残らず謹んで玉音を拝しますように。

（ポーズ）（クリカヘスコト）

なほ昼間《ひるま》送電のない地方にも
この時間には特別に送電致します。

又官公署、事務所、工場、停車場、郵便局などにおきましては　手持ち受信機を出来るだけ活用して　国民もれなく厳粛《げんしゅく》なる態度で　かしこき御言葉を拝し得ますよう　御手配願ひます。

（クリカヘスコト）

尚　けふの新聞は　都合により　午後一時頃　配達されるところもあります。

新聞がわざと遅らせて配達されたことがわかるのが興味深い。

ぼくは起立した記憶がない

ところで、ぼくのささやかな疑問というのは、前枠アナの冒頭「只今より重大なる放送があります。全国聴取者の皆様御起立を願います」の箇所だ。

よく引用される徳川夢声（活動弁士出身の大タレント）の『夢声戦争日記』（中央公論新社）の8月15日の記録は、

「正午の時報がコツコツと始まる。

これよりさき、私は自分の座蒲団を外し、花梨《かりん》の机に正座し、机に置かれた懐中時計を（この時計がなんとアメリカ製のウォルサムなのである！）見つめていた。明子は私の背後、斜め右三尺のところに正座、静枝は同じく斜め左六尺ばかりのところに正座、三人とも息を殺して御待ちする。

コーン……正午である。
――コレヨリ畏クモ天皇陛下ノ御放送デアリマス、謹シンデ拝シマスルヨウ
――起立ッ！
号令が放送されたので、私たちは其場で、畳の上に直立不動となる。」

玉音放送の前枠アナがそうだし、夢声をはじめいろいろな人の日記にも書いてあるから、皆が起立して……時代考証というか、時代の記録再現がむずかしいのはここのところだ。

ぼくは起立した記憶がない。

玉音放送を聞いている人々の写真というのが何枚もある。その中で（特に児童たちの写真に多いのだが）正座、土下座といった方がいいのだろうが、正座しているものが何枚もある。ぼくもそうだった。

疎開していた（一種の縁故疎開だった）農家の座敷に皆が正座していた。竹山昭子『玉音放送』にも、あの日を記録する会編『8月15日の子どもたち』（晶文社）からの引用として、

「正座して、生まれてはじめて天皇の声、玉音なるものを耳にして、〝神様じゃないのだなあ〟と、大変な発見をしたような気持でした」（道代、当時国民学校五年）

とある。ぼくと同学年の人だ。河邑《かわむら》厚徳編著『昭和二十年夏の日記』（博文館新社）にも、

「陣内燎子11歳　集団疎開先
　八月十五日　水　晴　二十七度
（略）昼食は、きうりとどろろこぶ。
午後には皆ラヂオの前へつつしんですわつた」

こう出ている。もっともこの後起立したのかもしれない。しかしじつはぼくの体験では勅語奉読のとき、講堂などでは全員起立だったが、教室（毎朝、担任の先生による教育勅語の奉読と生徒の復唱があった）では皆床《ゆか》の上に正座して座ったものだ。

床または地面に正座して座るのは直立不動の起立と同じで、最大の敬意の表し方だった。こういう一種の行動行為のコード（約束ごと）は、すぐに忘れられる。戦後しばらくたって、やっと敗戦直後のさまざまな事柄の細部の研究がはじめられるようになったとき、こうした風習、習慣に関することはわからなくなっていた。無理もない。

玉音放送の内容は小学生でもわかった

しかし、あの玉音放送の内容、勅語の文章が難解で、意味がわからず、国民の多くが敗戦の現実をなかなか受け止められなかった——こういうことが定説化してしまっているのは、それは困る。

そんなことはない。小学生でも日本が敗けたことはよくわかった。前出の日記集から、異なる年代の人の日記を三つ引く。

槇美宝子10歳　集団疎開先

八月十六日

たうとう日本はソレンやアメリカイギリスぢゆうけいにたいして無条件降服をしなければならなくなつたのである。それは原子爆弾のためだ。

岩片順子19歳

(略) 玉音放送に耳を傾けた。君が代の後、朗々と響く御声、ラヂオの調子悪く思ふ様に聞きとれなかつたが、もつたいなさで涙が自然と出て来た。其の後ニュースが続いてあり略《ほぼ》内容を知る事が出来た。実に悲しむべき報せである。日本はポツダム宣言による、米英ソ支四ケ国の申入を承認したのである。

田辺重信　陸軍軍医中尉

豊橋の陸軍病院に入院中

八月十四日

今日の新聞を見ると、「発明者を処刑せよ、英紙原子爆弾に憤怒」、「残虐毒瓦斯以上、文化への罪悪、帝国米の新爆弾に抗議」、などいろいろと猛威原子爆弾をめぐっての表題が大きく出ているが、肝心の米大統領トルーマンが「対日戦勝利の為、原子爆弾最終使用」といっているのだから仕方がない。

漢字は難しいが音読すれば意味は明瞭

立って聴いたか、座って聴いたか。一見どうでもいいような事を書いたのは、勅語奉読（特にあの「朕惟《おも》フニ我カ皇祖皇宗國ヲ肇《はじ》ムルコト宏遠《こうえん》ニ徳ヲ樹《た》ツルコト深厚《しんこう》ナリ」ではじまる教育勅語、陸海軍軍人に賜はりたる勅諭等）とその復唱が毎日のように行われていたこと（大詔奉載日〔毎月八日〕には宣戦の勅語の奉読）、その結果、勅語のあの難しい文体がけっこう耳慣れていたことを知ってもらいたかったからだ。

当時の人々、子供たちの漢字への慣れと知識を今の世の中と同じに考えないほうがいい。

終戦の詔書そのものだって、そう難しくはない。最初の段落、

「朕《チン》深《フカ》ク世界《セカイ》ノ大勢《タイセイ》ト帝国《テイコク》ノ現状《ゲンジョウ》トニ鑑《カンガ》ミ非常《ヒジョウ》ノ措置《ソチ》ヲ以《モッ》テ時局《ジキョク》ヲ収拾《シュウシュウ》セムト欲《ホッ》シ茲《ココ》ニ忠良《チュウリョウ》ナル爾臣民《ナンジシンミン》ニ告《ツ》ク

朕《チン》ハ帝国政府《テイコクセイフ》ヲシテ米英支蘇《ベイエイシソ》四国《シコク》ニ対《タイ》シ其《ソ》ノ共同宣言《キョウドウセンゲン》ヲ受諾《ジュダク》スル旨通告《ムネツウコク》セシメタリ」

漢字は難しいが音読すれば意味は明瞭で易《やさ》しい。ここだけわかれば、もういいようなもので、日本がポツダム宣言を受諾した、つまり敗けたことはよくわかった。中段は難しいが、「戦局必《センキョクカナラ》スシモ好転《コウテン》セス世界《セカイ》ノ大勢亦我《タイセイマタワレ》ニ利《リ》アラス 加之《コレニクワウルニ》敵ハ新《アラタ》ニ残虐《ザンギャク》ナル爆弾《バクダン》ヲ使用《シヨウ》シテ」とか、後にここが特に有名になった「堪《タ》ヘ難《ガタ》キヲ堪《タ》ヘ忍《シノ》ヒ難《ガタ》キヲ忍《シノ》ヒ」、こんなところはよくわかる。

聞きとれない原因は、一つには昭和天皇がこうした録音にお慣れになってないこと、もう一つはラジオの受信状態の悪さで、あの8月15日は全国的に抜けるような青空で、そのことが強く印象に残っているけれども、電波はうまく伝わらなかったのだ。このことはいろいろな人の日記に書いてあり、また次のアナウンサー（こんな敵性語は使わなかった、放送員）の奉読で意味がよくわかったとの記述も多い。

日本の敗色は濃いと感じていた人は多かった

どうでもいいようなところにこだわっていると思わないでほしい。大きな疑問があると言ったのは、あの当時をふり返って見る現代のなんとなく常識となっている部分にも、けっこう再検討の余地があるということだ。ここでの大きな疑問は、ごく一般の日本人の情報取得能力が言われているほど低かったか、終戦の詔勅が理解出来ないほどだったか――そんなことはないのだ。

〈新型爆弾〉のことでもそうだ。

たしかに広島に原爆が投下された直後のラジオ放送は、B―29 2機が侵入して焼夷弾と爆弾数発を落したと報じただけだった。とてもこれでは糊塗しきれないと思ったのか、翌日の新聞は新型爆弾によって相当の被害、としたけれども、報道の隠蔽《いんぺい》は原子爆弾の名も出さず、「白い下着類は火傷を防ぐのに有効である。蛸壺《たこつぼ》式防空壕には板一枚の蓋をすることでも、被害を防ぐ効果がある」と犯罪的なお座なりをくり返していた。

もし報道が正しくなされていたら、すくなくとも、放射能に汚染された市内にそれと知らず後から入った5万人の生命は救えたはずだ。最近発見された当時の日本放送協会の〈敵性情報〉(日本の戦局遂行に不利と思われた情報)のファイルによれば、原子爆弾の名もその惨状も報道班員にはすぐ知らされていたのだ。

しかし、人々は知っていた。噂、風聞という口から口へのコミュニケーションの力というのは恐ろしいほどのものだ。引用した日記でも、そのことはわかる。新型爆弾が原子爆弾なるものので、その威力は……小学生のぼくも知っていた。記憶では、それまでは戦局のことはひそひそとしか語られなかったけれど、この頃は半ば公然と大人たちが話すようになっていた。

日本の敗色は濃い、と感じていた人の数は多かったはずだ。あれだけ空襲で痛めつけられ、玉砕々々の記事を読んでいれば、考えてみればそう思わないほうがおかしい。

たしかに戦争続行、本土竹槍作戦を声高に叫ぶ人間もいた。報道機関は虚偽のニュースを流しつづけた。

それでも、人々は真実に近づいた情報をどこからか仕入れていた。戦争が終末に近づくにつれ、さまざまなリークが行われるほど体制のタガがゆるんでいたともいえる。

この時代の草の根情報ネットワークの力を、ぼくたちは忘れすぎていないか。

美空ひばりへの愛憎
――日本の心とアメリカへの憧れ

戦後をテーマにして、美空ひばりのことを書かないわけにいかない。昭和の最後の年に自分の生涯の幕も降ろしたこの戦後昭和の〈国民的大歌手〉は、平成の今となってもいっこうにそのカリスマ的人気が衰えない。いや、ますますさまざまな記念イベント、追想番組が跡を絶たない。

日本人はひばりをいじめたことを忘れている

しかし、この人のことでもぼくたちはすっかり忘れていることがある。それは日本人がこの人を〈いじめた〉ことだ。この部分はすっぽりと忘れられている。

ほぼデビュー以来の芸能生活全生涯にわたって、美空ひばりはいじめられ続けた。彼女と同世代のぼくにはそう思えてならない。最大級の拍手も受けたが、最大限いじめぬかれもした。

国民的大歌手の栄光に包まれたのは、やっと死の前年の東京ドーム・コンサート（昭和63）。そのまた前の年、大腿骨骨頭壊死《えし》・慢性肝臓病で回復不能といわれた入院から、奇蹟の不死身復活をとげたあのコンサート以来のことではないか。いや、それはまったく死後の栄光にちがいないのだ（死後、国民栄誉賞を追贈）。

いじめる、いじめられた――とはまたひどく幼児的表現だが、ひばり関係の本を読んでゆくとやたらとこの表現にゆき当たる。そしてそれは、通説のように弟かとう哲也の暴力団との関係を指摘され（昭48）、かとう抜きのひばりショーの要求が続出したのを拒否して、紅白も落選（翌年から紅白出演拒否）、各地の公共施設からの閉め出しと続く世論の反撥に家族ぐるみで抵抗した（NHKが折れて「ひばりショー」の舞台中継をし、「歌のグランドショー」出演で和解したのは昭52）、あの事件に代表されるようなことが〈いじめ〉なのではない。

それはもうちょっと微妙に、またもうすこし濃厚に、歌手ひばりに生涯まつわりついた〈ある感情〉だった。

デビューの時から、そうだった。

（略）この年の一月から始まったばかりの、NHKの素人のど自慢横浜大会の第一回目である。食糧難、交通地獄、とめどないインフレの混迷の中にとにかくこれは敗戦日本の明るい風景の一コマでもあった。

何番目だったか、もうその時の立会人も忘れている、十五番目だったという人もあるが、定かでない。

――とにかく、

「はい、次の方、お名前は」

「加藤和枝、九つ、長崎物語」

小っちゃなくせに、まるで大人の着るような裾の長い、真っ赤なドレスを着た少女が現れた。おでこの広い、鼻もちょっと上を向いて目だけがグリグリと大きい愛嬌のある子だった。伴奏は天知真佐雄。合図とともにこの子は歌った。

〽赤い花ならマンジュシャゲ

　オランダ屋敷に……

子供と思われぬサビのよく利いた声。

「フェッ」

と感歎とも溜息ともつかぬうめきを、魚屋さんである父親の増吉さんは、自分のすぐ傍で聞き、胸がドキドキした。ステージのかぶりつきには母親喜美枝さんがしがみついて、我が子を見上げていた。満場陶然たる中に、この子はすでに一曲を全部歌い終わってしまっていたが、審査席からは何の合図もない。増吉さんはイライラしてきた。島野アナウンサーも中ぶらりんの面持ちで、

「もう一曲、ハイ、何か」

と促した。次にこの子がうたったのは、「愛染かつら」であった。審査席では丸山鉄雄、三枝健剛両委員が複雑な表情をたたえながら顔を見合わせている。その眼は（……悪達者……子供らしくない……非教育的……）ということを互いにすばやく語り合い、ついに丸山氏の手は横に振られた……。

「はい、結構です。では次の方……」

今では、まるで現代のシンデレラ姫といわれる美空ひばりの第一回のデビューはこんなにも呆気なく幕をとじたのである。その時を回想しながら、いま丸山氏はこう語っている。

「素直で感じがよいこと。これがのどじまんの合格の第一条件です。もちろん、リズム、音程といった条件は大切だが、物真似や、臭味があったり、気障《きざ》なのは不合格です。それに、何しろ子供が歌謡曲を……かりに、いま美空ひばりが、のど自慢に出場したとしても、私は鐘を鳴らさぬだろう」

丸山氏はいまでも、昭和二十六年十月の今日でも、こう語っている。

（『「週刊朝日」の昭和史　第2巻』朝日新聞社）

流行歌をコマッシャクレた子供が歌って好感を得るわけがない

いかにもありそうなことだ。

あまり指摘されていないが、戦後すぐは童謡の一大流行期だった。「里の秋」（昭20）、「みかんの花咲く丘」（昭21）、お星さまピカリの「お星さま」などのいまだに歌われている童謡、連続放送劇『鐘の鳴る丘』の主題歌「とんがり帽子」、川田正子・孝子のような童謡歌手のスターも生まれた。童謡でなくても、雪よ岩よわれらが宿りの「雪山讃歌」（米国民謡オー・マイ・ダーリング・クレメンタインの訳詞だが）、夏が来れば思い出すの「夏の思い出」、「雪の降る町を」「真珠」「高原列車は行く」「白い花の咲く頃」等々、健康で純粋なアカデミックな歌が求められていた。戦後流行歌第一号の「リンゴの唄」だって、ずいぶんクラシック調だ。

その中で流行歌を当時9歳のコマッシャクレた子供が唄って好感を得るわけがない。

しかし、このひばりが（もちろんこんな芸名は後でついたのだが）唄った「長崎物語」「愛染かつら」というレパートリイは、ぼくの興味をじゅうぶんにそそる。

これは、まったく演歌っぽくない。

いまは何でもかんでも流行歌はひっくるめて演歌になってしまっているが、そうではない。

「長崎物語」の作曲家佐々木俊一は「新雪」(紫けむる新雪の)や「月よりの使者」で知られるが、曲を聴いてもらえばわかると思うが、どちらかといえば歌曲ふうな、クラシックのような曲作りだ。

「愛染《あいぜん》かつら」の万城目正《まんじようめただし》は後々ひばりのために「悲しき口笛」「東京キッド」「越後獅子の唄」等ほとんど専属のように曲を作ってゆくが、これも「愛染かつら」をよく聴いてもらいたい、あそこには戦前のアメリカン・ポップスの気分が濃厚だ。万城目が作ったひばりの曲は歌詞とはちがって、いずれもアメリカナイズされた曲だ。「越後獅子の唄」ですら、そんな感じはしないだろうか。

「リンゴ追分」は初期のひばりの代表曲だろうが、作曲者の米山正夫は「山小舎の灯《ともしび》」(たそがれの灯はほのかにともりて)という代表曲を聴けばすぐ理解されるアメリカン・ポップスの流行歌を書いた人だ。ひばりの「お祭りマンボ」はまさにその傾向の米山のヒット作だろう。

笠置シヅ子の物真似で人気を得たひばり

すこし話が先へ行きすぎた。見事にのど自慢は鐘一つだったひばりが人気を得たのは笠置シヅ子の物真似だった。笠置シヅ子——服部良一と組んだ「東京ブギウギ」「ジャングル・ブギ」「ヘイヘイブギウギ」などの〈ブギウギ〉は、まさに青天の霹靂《へきれき》のように日本の音楽界を襲ったアメリカの音楽文化だった。

さらに特筆しておかねばならないのは川田晴久との出会いだ。二人の出会いは昭和23年、横浜国際劇場のショーにベビー笠置としてひばりが出演したときだった。このときは「東京ブギウギ」と「セコハン娘」を唄ったらしいが、ひばりの才能に目を見張った川田は以後ひばりのコーチ、アドバイザーとなる。

川田晴久とダイナ・ブラザーズといっても、いまはもう誰もわからないが、戦前の音楽ボードビリアンとしては最高の一人だった。ダイナ・ブラザーズとはもちろんあの「ダイナ」からとった命名だ。「ダイナは英語の都々逸《どどいつ》で」というのが、キメのフレーズ。「地球の上に朝が来る、その裏側は夜だろう」という唄の文句は、そのナンセンスがそもそもアメリカっぽいが、浪曲の広沢虎造の「馬鹿は死ななきゃ直らない」と並んであの時代の流行語の双璧だろう。そしてこのギターを手にしたスタンダップ・コメディのチームは、大衆芸能の王者だった浪花節の節《ふし》を巧みに取り入れて人気を博していた。

アメリカと浪花節、まさに美空ひばりではないか。

笠置シヅ子の物真似と川田晴久の指導というところが面白い。二人とも英語の歌にずっと憧《あこが》れていた人だ。それでいて、二人とも英語では唄わなかった。正統な英語の歌を訳詞でも唄わなかった。それはつまり、ひばりと同じだ。

ひばりの浪花節を聴いたことがある

　ぼくはある席で、彼女の浪花節を聴いたことがある。「遠くちらちら灯《あかり》がともる、あれは言《こと》問《とい》……」という三門博《みかどひろし》の「唄入り観音経」で、素晴しくうまかった。「柔《やわら》」「ひばりの佐渡情話」などにはいくらでも浪曲の痕跡があるし、「車屋さん」の都々逸はじめ邦楽俗曲の節《ふし》まわしもほうぼうにみえる。

　クラシック発声、それもずいぶん正統な発声のように聞こえる部分も多々あるという。「悲しい酒」の「ひぃとり　さかばでぇ　のぉむぅ」と地声できて「さぁけは」と声を引っくり返してゆくのは正しいソプラノの発声だと、これは作曲家・音楽評論家の服部公一さんの弁。

　しかし、なんといってもその根幹は〈英語の歌〉だ。育った時代は日本中が〈英語の時代〉だった。マッカーサーが厚木に来る前に(!?)出版されたという伝説の『日米会話手帖』は400万部を売り、カム・カム・エブリボディの平川唯一《ただいち》のラジオ英会話を皆が争って聴いていた。人気が出過ぎて学校へ行けなくなったひばりがいちばん熱心に補習を受けていたのは漢字の字画と英会話だったそうだ。

　ひばりは、彼女の歌の歌詞をよく聴いてほしいのだが、いかにも日本の歌らしい歌が好きだった。しかし彼女はそれを、なんとか英語のポピュラー・ソングのように歌いたかった。ここがポイントだ。

ひばりの下顎《したあご》はよく動く

没後、彼女の大量のVTRを、ずっと昔のものから死の直前のものまでいちどに見ることができた。そのとき気づいたことがある。それは〈下顎《したあご》がよく動く〉ことだった。

彼女は他の歌手とちがって、口を開くとき唇が上下均等に開かない。真ん中より下へ開く。つまりほとんど下顎だけが動いて発声する。下顎は左右にも、前後にも、細かく動く。このデリケートな動きが彼女の歌の表情をつくってゆく。

ぼくはよく覚えているのだが、たいていの年配の人は、この時のひばりの顔が「イーッ」という子供の顔に似ているといって嫌がった。どうもこれが「ひばりの歌は下品だ」という評判につながっていったらしい。

香原志勢《こうはらゆきなり》『顔の本』(中公文庫)というのがあって、著者は人類学の先生だが、こういう顔、下顎を動かして発音するのは多く英語を話す国民だ、と書いてある。英語の特徴であるThやTsやWの音を出すには下顎をうまく使わなくてはならない。たしかに英語を話す映画やテレビの俳優の顔を見ていると、そのとおりだ。下顎が激しく動く。みんな美空ひばりだ。

英語っぽく唄うからいじめられた

ひばりが〈いじめられた〉のは、結局このことではなかったか。

日本の、もっとも日本人らしい歌詞内容の歌を、ほとんど気がつかないほど巧妙に英語っぽく唄う――これでいじめられないわけがない。しかしこの唱法こそ、ひばりが幼いときからなじみ、望んでいた歌い方だった。

〝三人娘〟といういい方は、おそらく美空ひばり、江利チエミ、雪村いづみの三人から始まるのだろうが、三人とも時代の子で、英語っぽく唄いたがった。そのやり方は三人ともちがう。チエミは「テネシー・ワルツ」などで英語を日本語化して発音し、いづみは「遥かなる山の呼び声」などで日本語を英語のように発音した。ひばりは内容も方法も（そうしてしばしば曲も）まったく日本だったが、微妙に唄い方だけを英語ふうにした。

よく考えると、戦後の日本人の英語文化（アメリカ文化）の受容は、ひばりのやり方にいちばん近い。ひばりの唄は、その意味で戦後日本のシンボル的存在なのだ。

ひばりを見、その歌を聴くことは、日本人にとってそのまま自分を見ることだった。彼女は観衆一人一人の分身だった。ここに喝采と嫌悪両方の根源がある。誰だってナルシストだし誰だって自己嫌悪はある。

片方に（つまり歌詞のほうには）理想化された日本人の情があり、もう片方に（歌い方のほうには）これも生活、リアルな生活の理想だったアメリカがある。こうした引き裂かれた感情はしばしば〈いじめ〉を生むことはよく知られている。

いまでこそ希薄になったが、日系人の二世、混血児、帰国子女に対する感情をふりかえってみれば理解は容易だろう。おまけにひばりは自分の中のアメリカの部分を巧妙に隠していたから、いじめのほうも隠微《いんび》になった。

その最晩年に、ひばりがいわば日本人から許されたのは、自分たちの中にあるアメリカを認められるほど日本人に余裕が生まれたからだろうか、それともそれほど日本人のアメリカ化が進んだからだろうか。日本人がひばりに追いついたのだ。

お金がないから……とノートを一冊くれたひばり

ぼくは全盛期の美空ひばりの唄を、最晩年のひばりのドラマを演出することができた幸運なディレクターで、仕事の場以外でも彼女（そしてあの有名な彼女のお母さん）を知っている。

ここではひばりの天才ぶりや、一卵性双生児といわれた母の熱狂的で献身的なマネージメントのことを書くわけにいかないけれども、この二人を一言でいえば、それは〈どこにでもいる平均的日本人〉だった。

母の喜美枝は、娘が録画している間ずっとスタジオにいた。それも立ちつくしている。見かねて椅子を持ってこさせると「皆さんが立って働いていらっしゃるのに、かけられません」と言った（もう一人、そう山口百恵がそうだったが）。ぼくはこの、多少口やかましいけれど昔気質《かたぎ》の下町の小母さんのような人が好きだった。また、そういう気持ちで接すれば決して裏切られず、トラブルの起きようはずがなかった。

「私、いまお金ないから、こんなものしかあげられないけど、番組の記念にもらって下さい」とノートを一冊、ひばりから手渡された。本当にお金がなかったことは知っていた。中に自作の詩が書いてある。「お金がないから」とあの大スターがいう率直さが嬉しかった。

晩年、まったくといっていいほど歩けなかった。それでも幕が開くと、颯爽《さつそう》と舞台へ飛び出していった。ただ幕が閉ると、もう立っている場所から抱かれて行かなければ一歩も歩けない。骨頭壊死の大患から復活した短い時期に、最後のTVドラマを撮る機会があった。ファンの前に久しぶりに現れるその最初のカットをどうしよう。ぼくは長い坂道をスタジオに作った。

周囲はだいぶ青くなったらしい。こんな所を歩けるはずがないことぐらい知ってるはずじゃないか。どうするんだ。

スタジオに人の肩を借りてやっと入ってきたひばりは、坂道を見、こちらの顔を見るなりニヤッと笑った。ひばりが元気になったことをファンの人に知ってもらうには、坂道を、それも元気よく登ってゆくのがいちばんいいのだ。

どんなに痛く、辛《つら》かったか知れないが、ひばりはスタスタ登って行った。嬉しかった。

結局思い出ばなしを書いてしまったが、こうしたエピソードからは、彼女らひばり母子がいかにもプロだという以上に、いかにも昔からの〈日本人〉だという気がしてくる。

こうした昔からの日本人の中に、どんどん〈アメリカ〉が染みこんでいった戦後なるものをどう考えたらいいのだろう。二つの間には意外な〈親和力〉があったのだろうか。

復員野球

――幻影も一緒にプレーしていた

産経新聞大阪本社の永田（照海）記者は、シベリヤ引揚げ取材班に編入されていた。

引き揚げ船は舞鶴港の沖で一日停泊する。（略）縄ばしごをかけて船に乗り込む。復員兵の中から有名人やドラマ性のある人を探すのである。（略）

二十四年七月「英彦丸」が入港した。永田は縄ばしごを登った。この日は目当てがあった。事前に入手した復員者名簿にプロ野球の元巨人軍選手、水原茂（故人、後に巨人監督）の名前があったのだ。「水原さんはいませんか」と甲板を走った。水原は甲板の隅で乾パンを食べていた。兵隊服姿はしょんぼりしていた。

「野球の水原さんですか」

「そうです」

「いま日本でプロ野球は大変な人気です。また、野球をやりますか」

水原の目が輝いた。「はい、やりたいです」

復員兵は上陸してから三、四日留め置かれる。健康診断もあるが、GHQがソ連情報をとるため聞き取り調査をするのだ。永田は辛抱強く宿舎の前で水原を待った。しかし、上陸の翌々日の読売新聞を見て愕然《がくぜん》とする。東京の後楽園球場に立ち、背広姿で帰還報告をする水原の写真が載っていた。読売新聞社が宿舎から連れ出し、後楽園に直行したのだ。そして満員の観衆の中で「ただいま、水原茂が帰って参りました」とあいさつした。

水原が甲板でしょんぼりしていた理由を永田はあとで知る。野球をやりたいという水原を共産主義に洗脳された復員仲間が「野球のような米帝国主義のスポーツをやるな」と船内で吊し上げたのだ。

(産経新聞「戦後史開封」取材班編『戦後史開封』扶桑社文庫)

ストライクは敵性語だというので〝よし、一本〟、ユニフォームの上に野球帽ならぬ戦闘帽をかぶって……それでも結局は中絶した日本のプロ野球は、占領下でいち早く復活した。なんといっても戦前から日本人はこのアメリカ生まれのスポーツが好きだったのだ。

地方遠征は白い飯を食わせてくれるところで

復活の最初は終戦の年の11月23日、〈東西対抗〉戦だった。選手も道具もやっとかき集めた。場所はステートサイド・パーク、じつは進駐軍に接収されていた神宮球場。記録によれば二戦やる予定だったのを雨で一戦しか出来なかった。いや、西宮球場での三、四戦の前にもう一戦、なぜか群馬県桐生《きりゅう》の新川球場で試合をした。桐生はもともと中等学校野球の名門校の多かったところだが、本当はこの土地に審判の一人の知人がいて、全員に腹いっぱい米の飯を食わすと約束したからだそうだ。球場は戦後復興計画の資材置場になっていて、外野には材木がゴロゴロしたまま、ひどくやりにくかったという。

いかにも敗戦直後の風景だが、以後もプロ野球の地方遠征はまず白い飯を食わせてくれるところをねらって行われた。翌々年の第三回東西対抗の優秀選手賞品は仔豚とあひるだった。どうやってあの殺人的混雑の列車に大男たちの一行が乗り込めたのだろうか。当時の写真を見ると皆床《ゆか》に寝ている。これが長時間乗って商売ものの腰を痛めない最良の方法だった。

ぼくはもちろん〈野球少年〉だった。ぼくと同年代の人間はみなそうだ。おまけにシベリヤからやっと帰って来た父が店を出したのが後楽園球場（いまの東京ドーム）のそばだったから、毎日のように球場通いだった。

8チームで再開されたリーグ戦

翌年の昭和21年から、プロ野球のリーグ戦が再開される。そのときの8チームは——成績順に、

グレートリング
巨人
阪神
阪急
セネタース
ゴールドスター
中部日本
パシフィック

グレートリングはすぐ南海ホークスと名が変る。なんでも進駐軍の兵士がこの名を聞いて大笑いしたからだそうで、日本人が〝大きな車輪〟(親会社が電鉄だから)の意味でつけたこの名前、あちらでは何やらアヤしい意味があるらしい。いまは福岡ソフトバンク・ホークスだ。阪急ブレーブスはいまのオリックスにつながり、セネタースは親会社が東急・東映・日拓と変ってそのたびにチーム名も変るのだが、現在の北海道日本ハム・ファイターズがその流れをくむ。

ゴールドスター、ここは毛色《けいろ》が変っていて親会社のスポンサーを持たずに出来た新チームだった。このゴールドスターの金星が〈国民リーグ〉の大塚アスレチックスを吸収して、それをまた映画会社の大映を親会社とするチームが吸収合併して……この時代のプロ野球は目まぐるしく変る。

パシフィック、この球団は太平パシフィックから太陽ロビンスとなり、大陽ロビンスとなる。大阪の糸ヘン問屋（繊維をあつかうから糸ヘン）の田村駒次郎（駒鳥＝ロビンス）がオーナーで太から大にしたのは、これで〝点がとれる〟というオマジナイ。昔はこんなトボケタところがあった。ここにやはり映画会社の松竹が資本参加して松竹ロビンスとなる。

松竹・大映・東映と、この時期隆盛をきわめていた映画産業が積極的にプロ野球経営にのり出してくる。ちょっといまのＩＴ産業の進出と似てはいないだろうか。

一年しかもたなかった国民リーグ

ここで〈国民リーグ〉（国民野球連盟）のことを書いておこう。もう今となっては誰も覚えていないだろうが、昭和22年にそれまでのプロ野球組織とはまったく別のリーグが生まれた。参加したのは4チーム。

宇高レッドソックス——自動車のクラクションを一手に製造して大いに金を儲けた宇高産業

が母胎。

唐崎クラウンズ――戦時中海軍に清涼飲料水をおさめて財をなした唐崎産業が親会社。

大塚アスレチックス――ここは洋傘の骨で儲けていた。

その他、グリーンバーグという、どう調べてもわからないが広島の鯉城園というクラブ・チームから生れた球団らしい。これはすぐ茨城県結城《ゆうき》の糸ヘン景気の実業家がひきとって結城ブレーブスとなる。

この国民リーグが、一年しかもたなかった。

球場難も観客動員にも問題があったのだが、それよりも親会社が続々経営難になった。なんでも、プロ野球を持てるくらいならさぞ儲かっているだろうと税務署が多額の税金を課してきたからだという。

国民リーグのことを思い返すと、なんとなく当時の世相がほうふつとしてくる。

国民リーグは何かに似てないだろうか。そう、いま元オリックスの石毛監督が中心になってやっている四国新リーグに似ている（一年で終りにならないよう願ってやまない）。もっと似ているのは仙台の楽天ゴールデンイーグルスで、これは後にセ・パ両リーグに分裂したとき出来た高橋ユニオンズと成立事情がまったく同じ。両方ともスケジュールの組み難い奇数運営をきらって無理矢理作ったチームだ。楽天には悪いがユニオンズは6位・最下位・最下位という弱小チームで、三年でその姿を消した。

戦後十年くらいのプロ野球は、いまの混沌とした状況に似ている。

敗戦直後のプロ野球は復員野球だった

ちがっているのは、野球が本当に人気沸騰のスポーツだったことだ。

ぼくたち野球少年はひいきのチームの選手はもちろん、他チームの選手もほとんど全員をそらんじていた。それどころではない、なぜかプレーを見たこともない、聞いたこともない（ラジオの中継でも）選手、つまり戦前の選手のことをとてもよく知っていた。どうしてだろう？

冒頭に引用した水原茂にしてもシベリヤから復員した時すでに四十の声を聞いていたから、ぼくは現役のプレーを見ていない。しかし、戦前の六大学野球・慶応の大スターだったこと、「リンゴ事件」（早慶戦で早稲田応援席からグラウンドに投げ込まれたリンゴを、サードを守っていた水原が投げ返して大騒動になった）を起したことはもちろん知っていた。

それだけではない。その後日本に〈職業野球〉が出来たとき、巨人軍入りしたのだが、その華麗な三塁手としてのプレーぶりを、一挙手一投足まるで見て来たように、眼前に想いうかべることが出来た。おそらく、くり返しくり返し聞かされた話、読んだ本の記事、そしてわずかなプレー中の写真、それらを頭の中で合成したイメージなのだろう。

いや、それはイメージとは言えない。もっとリアルで、鮮烈で、生き生きしたものだった。後楽園球場の満員の観衆の前で「ただいま、帰って参りました」(このフレーズは後の長嶋茂雄の「巨人軍は永遠に不滅です」と同じくらい有名になった)と言った水原に、花束を渡したそのときの巨人軍監督三原脩《おさむ》が永遠のライバルで、早稲田の遊撃手から同じく巨人軍入りした人であることもよく知っていたし、水原と同じようにその俊敏なプレーを、これも見て来たように想像出来るのだった(水原が戻って来たおかげで三原は巨人を追われ、後任に水原が就任する。三原は巨人と訣別《けつべつ》して西へ下り、後に西鉄ライオンズを率《ひき》いて水原巨人と日本シリーズを争う。プロ野球三国志と呼ばれる熱戦譜のはじまりである)。

七年ぶりの水原の帰国報告が最後になったが、敗戦直後のプロ野球はまさに〈復員野球〉だった。

戦時中、続々と徴兵されたプロ野球選手

〈国民皆兵《かいへい》〉の戦時中に、体格屈強《くつきよう》のプロ野球選手は当然続々と徴兵《ちようへい》された。いま手元に軍服姿の選手の写真が数葉ある。

川上哲治少尉。打撃の神様と言われた左打者、巨人軍の一塁手。右翼席につき刺さるホームランは弾丸ライナーと呼ばれた。赤バットの川上。後に監督としてリーグ九連覇。

山本（鶴岡）一人《かずと》中尉。戦後南海ホークスがいちばん強かった頃のプレイング・マネージャー。打ってよし、サードを守って名人。難ゴロを捕球して決して無理に強肩ぶりを見せようとせず、ゆるいアンダー・スローで一塁に投げてしかもギリギリちゃんとアウトにするのが得意芸だった。「グラウンドには銭《ぜに》が落ちている」はその名フレーズだ。

別所昭見習士官。別所のことは「間借り」のところでも書いた。文字通りの豪球投手、打撃も凄かった。プロ野球復興の年には25歳になっていた。

同じ年齢に大下弘（セネタース―西鉄）がいる。青バットの大下、虹のように高く高くあがるホームランを打った。おそらくこの当時最大のスターだったこの打撃の天才は、学徒出陣から帰還して明大、すぐ辞《や》めてプロ入りした。このあたりがいちばん若い。だからぼくたちはなんとかその最盛期を見ることが出来た。

川上、山本となると復帰した時27歳、ギリギリのところだ。本来ならもっと長く活躍出来たはずだが、川上もすぐ〝テキサスの哲〟になってしまった。

戦争のおかげで最盛期をフイにした選手たち

これらはそれでも幸せな数例で、続々復員した選手たちのほとんどは戦争のおかげで最盛期をフイにしていた。兵役ばかりではない、〈産業報国戦士〉の名のもとに徴用されて軍需工場や土木建築現場で働いていた選手も大量にいた。彼らも活躍時期を失った。

前出のゴールドスター（金星スターズ）、親会社もスポンサーも持たず発足したユニークなチームは、産業戦士として奈良の御所《ごせ》市で同じ軍需工場にいた坪内道則以下内藤、菊矢、西沢等の選手が坪内を監督にいただいて作ったチーム、いわば同志的結束で作ったチームだった。じつはこの工場、御所工業のオーナーの橋本三郎がもともとプロ野球の関係者で、戦時中選手たちの面倒をこうした形で見ていたのだ。

困難な時期の恩義は後々も選手を縛る。戦後何年かのプロ野球で異常に集団脱退や集団でのチーム移動が多いのは、この影響がある。赤嶺旋風と呼ばれる赤嶺昌志一派の選手（ホームラン王の小鶴誠等がいた）がたびたびまとまってチームを移り球界の波乱の因となることはプロ野球史上有名だったが、それもこの恩義のためだった。

召集や徴用が傷つけた選手たちの肉体

いまの人には注意しておいたほうがいいかもしれない。召集や徴用は活躍の時期を奪ったばかりではない。それは選手たちの肉体を傷つけた。訓練や労働は野球に必要な筋肉組織にダメージを与え、一度傷ついた身体はもうもとに戻らなかった。特に軍隊に入った投手は「得意だろう」といわれて手榴弾《しゅりゅうだん》の投擲《とうてき》訓練を数多くやらされた。これでは肩がたまらない。彼らは例外なく肩をコワシた。二度の召集から帰った沢村栄治は最後はもう見るも無惨に肩がボロボロだったという。

復帰の遅れは徴兵・徴用ばかりではない。

白系ロシヤの血をひくスタルヒンは外国籍であることで疑われ、須田博と日本名に改名したにもかかわらず軽井沢に軟禁され復帰したとき29歳、この大投手はもう盛りを過ぎていた。

なかなか復帰しようとしなかった川上哲治

復帰をためらった人も、多かった。あの川上も熊本人吉の故郷で百姓をやるつもりで、なかなか復帰の説得に応じなかった。復帰したのは21年の6月末になってからだ。「間借り」のところをもう一度読んでいただきたい。家族のことを考えたら、軽々しく野球に復帰など出来なかった。

じつはこの理由で大幅に復帰が遅れた選手が意外に多いのだ。岩本義行。バットを直立させて目の前に構える不思議な打撃法から神主打法といわれた人だが、昭和24年に復帰したときはすでに38歳だった。それでもその後一試合4ホーマーの日本記録を打ち立てるのだから、その豪打ぶりが知られる。豪打といったら、この人と次の大岡虎雄がぼくの見た両横綱だった。

大岡虎雄は昭和25年に二リーグ制になって、やっとプロ入りした（松竹ロビンス）。それまではアマチュア野球の八幡製鉄にいて〈都市対抗〉の雄だった。都市対抗といってもいまやまったく下火だから、その盛況ぶりを後で書いておこう。なにしろ38歳の新人だが、ものすごい飛距離のホームランを飛ばした（もっとも三振も多かったが）。この人が後楽園のスコアー・ボードの右に当てたホームランをよく覚えている。右打者があんなところへ飛ばすなんて当時の打撃レベルではとても考えられなかった。

岩本や大岡がなかなかプロ入りしなかったのは、やはり生活の不安があったからだ。それでも二人がもっと早くプロ入りまたは復帰していたら、どんなだっただろうと考えるのは楽しいことだ。

いや当時のファンは皆、いま目の前にしている選手たちが逃した最盛期にどんなプレーをしたかを空想しながら試合を見ていたのだと思う。

ファンは温かかった。全盛を過ぎた選手に、華やかな空想の最盛期の姿を重ねて見ていた。

伝説の名投手・沢村など戦死した選手たちも

幻の活躍といえば、その最たるものは戦死した選手たちだ。

いまのファンでも珍しくその名を知っている沢村栄治投手。

日本のプロ野球は、昭和9年に来日した全米オールスターズの相手チームを急遽作らなければばということで結成された全日本軍がそのはじまりで、これが後の巨人軍の母胎だ。

この全米軍のメンバーはすごかった。ベーブ・ルースもルー・ゲーリッグもジミー・フォックスもいる。これがクリーン・アップ、とても日本軍が勝負になるはずがない。向うは遊び半分、ところが静岡の草薙球場の第9戦で全米軍全員が顔色を変えて本気になった。沢村をまったく打てない。あまり速いので見えない直球、懸河《けんが》のドロップはあまりの高低差で落ちるのでバットにかすらない。本当にやっとのことで、オール・アメリカンは勝った。スコアは1対0。

沢村はその短い選手生活（三度召集され、その間々で野球をやっていた）で三度ノーヒット・ノーランをやってのけ、好敵手のタイガースは練習投手のプレートをぐっと前へ出して投げさせ、なんとか目を慣らした。

伝説の名投手は、三度目の召集で乗った輸送船が台湾沖で米潜水艦に撃沈され散華した。

沢村の相手役のキャッチャーとして巨人に入団した吉原正喜は、熊本工業で川上と同期、素晴しいファイターで、ファウル・フライを追ってベンチに飛び込み、血と髪がダッグアウトにこびりついた。インパール作戦の露と消えた。

ライバルの阪神の四番打者だった景浦将。二段振りのベーブ・ルースふうバッティング。おまけにリリーフ投手もやった。ピンチになるとセンターからマウンドにのっしのっしとやってくる。ウォーム・アップは三、四球で十分。この偉材はフィリッピンで戦死。

同じタイガースの酒仙投手といわれた西村幸生。南方戦線で戦死と伝えられただけで遺骨も帰ってこなかった。遺族は長いことどこかで生存していると信じていたという。

黒鷲イーグルスの中河美芳一塁手。あだ名がタコ。どんなに他の野手からの送球が逸《そ》れても、片足をベースにつけたまま、もう一方の足を地面にピタッとつくまで伸ばして、難なく捕ってしまう。タコの異名はここからきた。ルソン島沖で戦死。

とても挙げきれない。

ファンの記憶の中の幻の球場

これら戦死した名選手たちはファンの記憶の中の幻の球場で生き続けた。そればかりではない、当時のファンはその記憶をぼくらのような次世代に伝えることに熱心だった。雑誌にしても新聞にしても、野球の記事は亡くなった名選手、あるいはもういまは全盛でない選手の栄光時の業績を伝えることを義務としていた。

こうして、おそらく長嶋が登場するまでの日本のプロ野球は過去と同居し続けた。ぼくたちの年代が昔の名選手たちの成績にくわしいのはもっぱらこのおかげであることは間違いない。しかしそれは素晴しい時代だった。

いまアメリカ大リーグを見て本当にうらやましいのは、ファンが過去の大選手に対する尊敬の念が厚く、また知識が深いことだ。それが親から子へと、連綿《れんめん》として伝えられてゆくことだ。戦後の何年間か、日本のプロ野球もまたそうだった。

プロ野球以上の人気だった都市対抗野球

最後に〈都市対抗〉のことをすこし書いておこう。

黒獅子旗争奪「全国都市対抗野球大会」はプロ野球の発足よりずっと早く、昭和2年からはじまっている。その最初から盛夏八月の開催だった。この東京日日新聞（後の毎日）の主催による実業団とクラブチーム、ノン・プロの大会は、その創設趣意の文言《もんごん》が素敵だ。〈アメリカ大リーグのような都市を代表するチームで全国大会をやろう〉。

大リーグのような、というところが泣かせる。いまは少しよくなったが日本のプロ・アマの間には深い溝がある。戦前から戦後しばらくはまだそんな確執《かくしつ》がなかったからプロで活躍した選手がノン・プロとしてプレーすることは何でもなかった。そうした懐かしい名前も見かけたし、前述の岩本や大岡のようなケースもあったから、ノン・プロのチームの人材の多さ、華やかさはいまからではとても想像がつかないだろう。よく覚えているけれどプロ野球以上の人気だった。

昭和21年には岐阜の大日本土木が優勝する。翌22年も連覇、立役者は投手の中原宏だった。

東鉄の飯田徳治（後に国鉄）の打撃もすごかった。22年の全《オール》徳島の林義一（大映）の技巧派投手ぶりも見事だったが、なんといっても全《オール》大阪の別当薫（阪神）、笠原和夫（南海）のバッティングには目を見張らせるものがあった。翌年、当然のようにプロ入りする。下関・大洋漁業の戸倉勝城（阪急）の打棒も強烈。

昭和23年はなんといっても福岡・西日本鉄道の武末悉昌（南海）で、サブ・マリン（潜航艇）と呼ばれる下手投げ投手の日本における本格的第一号、グラウンドに出て最初のキャッチボールからアンダースローで投げるのにびっくりした覚えがある。横浜・金港クラブの黒バットの南村不可止《ふかし》（巨人）。そして24年に吉原・大昭和製紙を決勝で敗った別府・星野組の和製火の玉投手荒巻淳（アメリカの本家火の玉投手は速球王ボブ・フェラー）、同じチームのプレイング・マネージャーが後に阪急の名監督になる西本幸雄。だが、二人とも翌25年二リーグ分裂時にすぐ毎日入りする。

二リーグになって急激にチーム数が増したプロ野球は、多くの選手をノン・プロから吸収する。これですっかり都市対抗戦の息の根が止まった。以後は見る影もないといっていい。

いま地域定着がさかんにいわれて、東北の楽天、北海道の日本ハム、博多のソフトバンクとなって都市対抗の存在意義はどうも影が薄い。でもその黄金時代を忘れることは出来ない。

あの時代の野球は、本当によかった。

肉体の門

——性と解放

彼女たちのしょうばいは、女衒《ぜげん》や桂庵《けいあん》みたいな、あいだにはいって儲ける手合いがいない。（略）焼けビルのなか、立ちかけのマアケットのなかで、埋め残されたじめじめした防空壕《ぼうくうごう》のなかで、彼女たちは雑作《ぞうさ》もなく、仰向いてたおれる。（略）

彼女たちがさつ（警察）にあげられたときに、亭主だとか兄貴だとかになって貰《もら》いさげに来てくれる男の仲間がいた。けれども、そんな若者たちは、決して彼女たちのいろでもなんでもない。ただの生活協同者にすぎない。外部に対してはそういう掟のようなものがあるが、仲間同士のあいだでも、「群」の掟がある。たとえば、正当な代価をもらわずに、自分の肉体を相手にあたえる者が一人でもあれば、それは自分たちの協同生活体の破壊者である。（略）三箇月も彼女たちの仲間だった一人の娘は、有楽町の高架線の下で宝籤《たからくじ》を売っていた学生と恋に落ち、「群」の掟を破ったがために、兵隊のように頭を丸刈りにさ

れて、仲間から追いだされた。（略）

「あたいは、大崎の工場にいたので助かったんだよ。大川へ飛び込んだり、船に乗ったひとたち、みんな死んだわ。舷につかまっていて、死んでいたお角力《すもう》さんもいたってよ。水の上に出ている手首だけが真黒に焦げたって。水が燃える、――呼吸が出来ないのよ」

「もう、そんな話はよしなよ」とボルネオ・マヤがいった。「あたいたちは、みんな戦争でやられた仲間にきまってるじゃないの」マヤはボルネオへ行ったことはない。マヤの兄がボルネオで戦死したのだ。（略）

菊間町子が仲間の掟を破って、ある中年者と、毎日のように烏森《からすもり》の簡易ホテルで逢《あ》っているくせに、金をとらないということを聞きだしてきたのは、花江と美乃だった。（略）

「お町姐《ねえ》さん、着物をお脱ぎ。やきを入れてあげるから」（略）

町子をむこうをむかせ、コンクリの柱をだかせた。肉のもりあがった、逞ましい尻が、彼女たちのまえに現われた。貪婪《どんらん》な感じの尻である。（略）町子は悲鳴をあげて、ぶたれるたびに、身体にそりを打たせる。尻を前後左右にくねりまわして、縛られた紐のなかで、竿を避けようとあせる。（略）

「みんな、ちょいと待ちなよ。ほら、これであたいが細工してやるよ」せんが奥から、剃《かみ》刀《そり》を持ちだしてきた。（略）

（田村泰次郎『肉体の門』「日本の文学」中央公論社）

まさに「戦後の本」だった

『肉体の門』（昭和22）、おそらくこんなに大きな社会的影響を与えた本はないだろう。まさに〈戦後の本〉だった。

本もそうだが、これをすぐさま劇化した芝居（昭和22・8・1　小崎政房脚色によって新宿の帝都座5階の劇場で初演。この劇場は戦後はじめてのヌード・ショー「額縁ショー」を上演したところだ。以後都内で700回の公演）が大当りした。風俗と野蛮なまでのエロティシズムが人気の原因だろうが、そればかりではない。これは社会劇、抵抗の新劇だった。ぼくはこの間、名古屋出身の老婆から、名古屋納屋橋畔の劇場でこれを見た話を聞いた。前の月、同じ劇場にかかっていたのは『どん底』だそうだから、この芝居の扱いがわかる。ぼくもずいぶん後になってからだが見た。エロでも何でもない。あれは解放演劇だった。この時代、エロだということはイコール新時代、自由、解放と同じだった。

これが小説であってルポルタージュでないことは発表の当初から話題になっていた。つまり現実ではないというのだ。はやくも同じ22年の11月の『週刊朝日』に〈闇にひらく東京の花〉というタイトルで、当の夜の天使たちからの反論が載っている。ラクチョウ（有楽町）をシマにしている女たちだが――

B子 (略) そんなヤキを入れたりするなんていうことは絶対にありません。(略) ほんとに見かねたことをした人でも、平手でぶつくらいなんです。裸にして縄で縛って革のバンドで血が出るまでひっぱたいたなんてそんなこと一度だってないわよ。(略)

C子 貯金なんて、しようとも思わない。

D子 うまいものでも食った方がトクだもの。

B子 ショート・タイム・ガールは貯金してる奴がいるね。

真弓 二十万円貯めてるのがいたわ。(略)

記者 だいぶ貯まったんですか。

E子 エエ、六、七万円。もっともこの商売ばかりでなく、ブローカーもやってたので。

C子 私も、時々洋裁でもやりたいなアと思う。昼間は普通のおつとめに出て、夜だけ彼氏とおつき合いするっていうような生活。

B子 丸ノ内の劇場の案内ガールをやってるうち友だちにさそわれて、入った人もあったわ。

D子 この間は省線のある駅の改札の人が入って来た。(著者註・戦中から戦後しばらく改札

に女子職員がいた）（略）

B子　こないだシャクにさわったのは水害の寄付ね。女学校の連中、タチが悪いのよ。あたしたちの前に来て、わざわざ大きな声で「水害に寄付してくださアい」っていうのよ。

D子　私たちとみるとでっかい声出すわよ、あいつら。（略）

C子　あたしが百円入れてやったら、黒山のように集まって指さしたりしながら見てたわ。

B子　それも喜んでもらえるなら、百円でも千円でも入れてやるけど、そうじゃないもの。それで入れてやらないと「ウワア、凄いパンパン・ガール、一銭も入れないのよ」なんていうんだもの。

（『「週刊朝日」の昭和史　第2巻』　朝日新聞社）

なんということのない内容のように見えるが、こういう記録からはいろいろなことが見てとれるものだ。それを検証する前に――。

進駐軍に対し性の防波堤をつくる

敗戦後すぐ、進駐軍がやってくるというときに、もっとも緊急な仕事は〈性の防波堤〉をつくることだった。作家・高見順は膨大な日記を残しているが、自筆の文章の他に多数の新聞記事の切り抜きが貼り込まれているのが特色だ。その昭和20年8月29日という記載から二週間目に早くも、新聞広告の切り抜き「職員事務員募集　募集人員五十名　外ニ語学ニ通ズル者及雑役　若干名　特殊慰安施設協会」が載っている。接客婦千名を募ったところ四千名の応募者があって係員を憤慨させたともある。

こうした応募者の中には、以前からの娼妓の転向、生活困窮者（戦争未亡人等、長女が多かったのは一家の養い手だったからだろうとの説がある）、占領軍兵士に強姦されて自暴自棄になった者（一説に神奈川県だけで進駐初年度1800件を数えたという）たちがいて、さまざま不安なケースがあっただろうと思われる。

しかし、どうも募集広告の文面を鵜《う》のみにして応募してきたまったくの素人《しろうと》さんもいたらしい。それにしてもどの慰安所の広告も「新日本女性よ来れ！」「戦後処理の国家的緊急施設の一端として、進駐軍慰安の大事業に参加する新日本女性の率先協力を求む！」とあって、その偽善さはほとんど吐き気をおぼえるほどだ。

こうした施設に「進駐軍兵士オフ・リミッツ（立入禁止）」の布告が出るのは、異常な性病の蔓延《まんえん》が原因だった。米軍の性病罹患率は進駐二ヶ月で千人中五十人を越えるようになった。日本進駐の当初の数字の二倍である。慰安施設は早々に閉鎖されるようになる。

これと同時にＧＨＱは昭和21年1月21日、基本的人権を守ることを名目に〈廃娼〉〈公娼制度廃止〉を日本政府に要求することになる。

こうして彼女ら夜の天使は〈街娼〉として巷に放たれた。『肉体の門』はこのころの状況を背景にしている。

パンパンの語源は?

彼女らを総称的にパンパンと呼んでいるが、ぼくの記憶では最初は米兵相手の売春婦を指して言っていたのが、日本人相手を含めての総称となったような気がする。「ジキパン」「白パン」「黒パン」、ある程度特定少数を相手とする「オンリー」等の言葉が生まれた。

パンパンの語源は戦時中南方に出征した日本兵が現地の女性を相手にしたとき、ヤシの木かげからパンパンと手を叩くと、女がやってきたところからついて、後に米兵が逆輸入したというのが定説だが、日本では江戸時代から〈夜《よ》鷹《たか》〉は手を叩いて客を呼ぶ習慣があったから、これはたしかに日本人由来なのだろう。

総数が日本全土でどれくらいかは、とてもわからない。前出の『週刊朝日』の座談会記事には説明《ブリーフィング》がついている。


増えて行く一方の〝ヤミの女〟は最近東京だけで二千名といわれる（東京都政調査局調査）。

都心のラクチョウ（有楽町）を筆頭とし、ノガミ（上野）、ブクロ（池袋）の三つを大きなかたまりとし、その他ブヤ（渋谷）、ジュク（新宿）、品川など（略）。シニセのラクチョウに対抗し、最近ブクロがぐんとのして来、その数も二百を超えるといわれ、新興ヤミ成金を背景に、かりこみがあると、尻をまくり、自由を絶叫し、ヤクザさながらのタンカを切るという、こわい女の子たちも現れて来た。

ラクチョウやブクロに比べると、ノガミはぐんと下がって、二十人の〝ヤミの男〟（かげま）を加えて、ここに巣くう天使たちはそれこそ雑多だ。大別して、駅の付近を根城としてカモ（客）とドヤ（宿）にしけこむドヤカン組、地下道に住むもの、公園を根城にするアオカン（露天）組に分けられるが……（以下略）

じつはこの座談会には労働省婦人少年局長・山川菊栄が出席していて、最後にこんな感想（「彼女たちと語って」）を書いている。山川は新設の労働省で、女性として初めての局長だった。

いろんな意味でもっとスマートなものを想像していたのですが……。私は小さいころ、麴町に住んでいて、富士見町や神楽坂など二流どこの女たち（注・芸妓）の様子をよく知っているんですけど、彼女らの中には非常に似通ったものがありました。（略）

一たび、この世界の味を知った人には、はたからどうしようもなく、自分の力で立ち直ってもらうより他に方法はないように思います。（略）それでなくとも、知識水準が低く、学歴なども出たらめが少なくないようです。（略）

例外的には、キリストの愛によって救われるというような人も出て来るでしょうが、そんな個人的な救済では駄目で、二人更生すれば、二人の新しい人がまた落ちこんで行く。

（以下略）

厳然と隔てられていた売春婦と一般女性

なんというふるめかしい考えだ、と怒りたくなるような話だが、半世紀以上前の、それも年配の女性としては平均的な考えではないだろうか。芸妓のことにしても、いまだったら人権問題になりかねない発言だ。

嫌なことを思い出した。各地にもあるだろうが、東京では歳の瀬にかかるとお酉様《とりさま》参りの行事がひろく行われる。酉《とり》の市《いち》のことだ。浅草の鷲《おおとり》神社が有名で、一家そろってお詣りし、帰りに熊手を買って帰るのが楽しみだった。幸福を掃きよせるおまじないだ。

男の子のぼくには、ちょっと親に言えない楽しみがほかにもあった。この参詣のコースの途中に吉原遊廓があったのだ。遊廓は一般の女子供の出入り厳禁だったが、この日だけは開放され、花魁《おいらん》道中の再現イベントなどあって、子供心に妖しく美しい観物だった。戦前はこのように売春婦と一般人の女性・子供は、厳密に隔てられていた。売春が隠微にかくされている芸妓はともかく、あからさまに売春を表に出している女性とは接触しないのが一般女性の常識だったのだ。

もう一度、引用した座談会を見てほしい。特に最後の募金活動をしている女学生のくだりを。女学生たちが近寄り会話している——これだけで当時の親は卒倒しかねない。

「婦人解放」と触れ合う部分も

パンパンなる語が、一挙に一般化したのはNHKのラジオ街頭録音に〈ラクチョウのお時〉という街娼が出演したときではなかろうか。彼女が自分たちの生態を語った時、彼女らははじめて社会的存在になったのだ。しかし同時に、そのとき司会の藤倉修一アナは「パンパンの話だから電気を消して下さい」と言ったという（『昭和文化』南博＋社会心理研究所　勁草書房）。こうした社会の一般常識とくらべて、この女学生たちの活動は、何か別のことが、特に若い層を中心に動き出していることを予感させる。

そしてあえて言えば、そこに若干の屈折した羨望の気分がありはしないか。それは彼女ら街娼が、手段はともあれ多額の金銭を得ていること、独立していること、に起因してはいないだろうか。

歴史の教科書ふうに書かれた戦後史では決してそうは言わないだろうが、いわば〈婦人解放〉と触れ合う部分が、そこにひそんでいるような気がするのだ。そうした目で『肉体の門』を読むと、はじめてこの小説が何故あれほどのインパクトを社会に与えたのかがわかる。

ぼくはジープに乗った進駐軍の兵隊に「ギブミー・チョコレート！　ギブミー・チューインガム！」と叫んだ世代で、親に叱られるまでもなく、その恥ずかしさはわかっていた。わかってはいたけれども、アメリカのもたらした自由と豊かさはやはりあこがれだった。いわば恥といっしょに民主主義を学んだようなものだ。

イヤな言い方に聞こえるかも知れないが、あの夜の天使たちは物事の裏側から日本女性の自立の姿を描いたようなものだ。それは皆薄々わかっていた。

『肉体の門』の女たちというと、あの独特なファッション——スカーフ、厚い肩パッドを入れたブラウス、フレア・スカート、ハイ・ヒール、ショールダー・バッグ、そして真っ赤なルージュ、マニキュア——がすぐ目に浮かぶ。ファッション史の研究家によると、あれはアメリカの婦人将校や高級士官夫人たちの恰好の影響がすごく大きいそうだ。たしかに映画を見ても婦人将校の制服は肩パッド入り怒り肩のスーツ、胸にブローチ、ひざまでのスカートといういで立ちだ。あるいはハワード・ヒューズ監督の『ならず者』のジェーン・ラッセルだと言えば、ふるい映画ファンだったらすぐわかるだろう。男勝《まさ》りでしかもエロティックな美女が荒馬を乗りこなす西部劇だった。いまでこそそうは思われないが、あれは〝男性的女性〟をシンボライズしているコスチュームだった。あのファッションのことは、これもまた皆薄々わかっていたのだが、男に追いつけという暗黙のサインではなかったか。決して〈性のアメリカ化〉なんて言葉で片付くものではない。

いや、彼女たちにいまさら残酷な先駆者の勲章めいたものを贈っても何にもならない。昭和22年の国家地方警察本部防犯課調査の数字がある。

検挙人員　4万8226名　病院送致　3万5760名　有毒人員　1万5701名

彼女らの体はボロボロだった。

何を信じたらいいの？

——漢字制限・新仮名づかい

（略）しかし、それにしても新聞《しんぶん》は、長いあいだ軍に協力《きょうりょく》するウソの報道《ほうどう》をしすぎていたと思った。

戦争が終わったとき、それを自《みずか》ら認《みと》め読者《どくしゃ》に謝《あやま》るべきであった。ところが、一度《いちど》として「偏《かたよ》った報道をしてきた」という誤《あやま》りを認める記事《きじ》を書かなかった。それだけではなく、「戦争に負《ま》けた」という文字《もじ》も使《つか》いたくないようだった。九月二日《ふつか》の新聞に、「けふミズリー艦上《かんじょう》で、降伏調印式《こうふくちょういんしき》」という記事が出るまで、「降伏」という表現《ひょうげん》は見当《みあ》たらなかった。

Hが新聞に対《たい》して「ずるい！」と腹《はら》をたてていたことが他《ほか》にもあった。

新聞はいつももっともらしく書いた後《あと》で、それを自《みずか》ら守《まも》らないことが多かったように思えたからだ。〝日本語《にほんご》の新《あたら》しい表記《ひょうき》と横書《よこが》き文字〟というのも、その一つだった。

「日本語を発音《はつおん》どおりに直《なお》し、横書きする場合《ばあい》も、従来《じゅうらい》の右から左へ書くのを止《や》め、左から右に書くことに変更《へんこう》する」と決《き》まったのは、Ｈが中学へ入る前年《ぜんねん》だったから昭和《しょうわ》十七年だった。

　あのとき新聞は、「日本語をアジア全地域《ぜんちいき》に広《ひろ》めるための改革《かいかく》に賛成《さんせい》だ」と書いていたはずだ。だから新聞が手本《てほん》を示《しめ》してくれるのかと思っていたら、同じ紙面《しめん》の中で左書きがあるかと思うと、右書きがあったりで変《へん》だった。しばらくすると、〝日本語の改革《かいかく》〟などと賛成《さんせい》したことも忘《わす》れたかのように、横組《よこぐみ》の見出《みだ》しは、全部《ぜんぶ》もとのままの右書きにしてしまった。

　表記《ひょうき》のほうも、「今日」という文字は「きょう」ではなく「けふ」にしたし、中央は「ちゅうおう」ではなく「ちうあう」のままにしていた。

　もとに戻《もど》すならその理由《りゆう》を、ハッキリ教えてほしかった。大人《おとな》は慣《な》れ親《した》しんでいた方《ほう》に戻《もど》るのは一向《いっこう》に困《こま》らなかったかもしれないが、文字《もじ》を覚《おぼ》えている最中《さいちゅう》の子どもたちは、学校では左から、新聞《しんぶん》は右からで、混乱《こんらん》させられて迷惑《めいわく》だった。

　Ｈは、進駐軍《しんちゅうぐん》がやってきたから、この機会《きかい》に横書《よこが》きの日本語が英語《えいご》と同じように、左から右書きになるかと思ったが、そうはならなかった。

（『少年Ｈ』妹尾河童《せのおかっぱ》　講談社）

歴史的仮名づかひがあったことを知らない若者たち

遠ざかってゆく時代を思い出そうとするとき、忘れてしまうことが出来るのは仕方がない。ただ、その忘れてしまったことを拾い集めると、時代が鮮やかに再現されることがある。

そう思って書きはじめたのだが、記憶にはこんなにもあやふやな部分、間違っている部分が多いのかと、自分でもあきれるほどだ。ましてや若い人たちが持っている敗戦直後の知識は、伝える立場のぼくたちの年代に責任があるのだが、思いちがい、早トチリ、中途半端な情報が多い。自分の持っている知識が常に訂正されるべき性質のものだということを、ぜひ若い人に知ってもらいたい。もっともこれはぼく自身にも当てはまる自戒の言葉なのだが。

この「何を信じたらいいの？」の項で陥りやすい誤りは〈時間的錯誤〉だ。

いま、ぼくが書いているこの文章もそうだが、ふだん日本人はみな何気なく〈常用漢字〉と〈現代仮名づかい〉の規則《コード》に従って文字を書いている。

しかしぼくの周囲の若者に聞いてみると、彼らは〈現代仮名づかい〉の前に〈歴史的仮名づかひ〉というものがあったことを知らない（「歴史的仮名づかひ」をいまだに使って文章を発表している作家がいることにも当然関心がない）。彼らには〈蝶々〉を〈てふてふ〉と書くといっても笑い話にもならない。

同様、〈サクラという字を分析すれば「二階の女に気（木）がさわる」〉というギャグも通用しない。すでにサクラの漢字は〔桜〕だとしか教わっていないから〔櫻〕という本字があることを知らない。

まあ少しはこのての知識がありそうな人間にたずねても「ああ、それは戦後、占領軍の命令で変ったんでしょ」ぐらいの返事しか返ってこない。

もしかすると、日本語は全部ローマ字化していたかもしれない。いや、日本語なんか無くなって、フランス語になっていたかもしれない。志賀直哉という文豪が昭和21年4月、雑誌『改造』誌上で大まじめで提唱しているのだから——こう脅してみても反応がない。

ぼくは、引用した『少年H』（戦前・戦中に育った少年の日常を描いて資料的価値も高い良書だ）の著者妹尾河童さん（舞台美術家である）のほんの少し後、昭和10年の早生まれ（つまりは国民学校の第一期入学、卒業したとたんもとの小学校にもどった。そして新制中学の第一期生）だが、この〈国語改革〉には本当にまいった。

江戸中期からあった「漢字制限論」

引用文でもわかるとおり、国語改革は戦前からあった。戦前から、というより明治維新の昔から叫ばれていた。志賀直哉の日本語をやめてフランス語にしようという一見突《と》っ拍子《ぴょうし》のない話も、志賀本人がいっているように、明治政府初代の文部大臣になった森有礼が明治5年に

「日本語全体を簡易英語に置き換えること」を発案したのにならっているのだ。

国語改革の大きな柱である〈漢字制限〉の論は江戸中期からあるそうで、すでにオランダ語等の西洋語を知ってアルファベットの数の少なさを便利と感じた学者たち（新井白石もそうだという）の間に、漢字の数の多さを難ずる論が生れたと〈国語改革史〉は教える。

明治政府は初めから漢字を制限するつもりだった。学制発布の明治5年に漢字三千百六十七字を選定したが、漢字制限の方針が実行に移されたのは明治33年からで、初等教育の漢字は千二百余字に制限された。

同じ33年に文部省は国語調査委員の嘱託を始める。35年に国語調査委員会が設置されるが、その調査方針の冒頭に「一、文字ハ音韻文字（フォノグラム）ヲ採用スルコトトシ」とあるとおり、これは〈漢字全廃〉主義の委員会だった。

間違えやすいのだが〈漢字全廃〉論と〈漢字制限〉論は同類ではない。漢字の有効性を信じる点で制限論は全廃論の対極にあるべきものだった。

しかし、国語改革が論ではなく実施の局面になったとき、全廃論者を押える有力な道具は制限論だった。全廃はダメだが制限はしましょうというのだ。制限論が常に全廃論への妥協案として扱われ、あたかも折衷案のように見えるのは、後世のぼくらから見ると誤解のタネである。

明治2年からある「ローマ字化論」

強烈に追いつけ追いこせの明治だから〈ローマ字化〉は当然最初からその主張があった。南《なん》部《ぶ》義籌《よしかず》が「修国語論」でローマ字化を提議したのは明治2年という早さだ。前出の森有礼らが発刊した『明六雑誌』の第一号に哲学者西周《にしあまね》（フィロソフィーを哲学と新造語で訳したほか数々の翻訳新造語があって、ぼくらには漢字の達人に見えるのだが、明治というのは面白い時代だ）が「洋字ヲ以テ国語ヲ書スルノ論」を書くのが明治7年。

明治18年にローマ字化を推進する「羅馬《ろうま》字会」が出来ると、会員数はまたたく間に六千八百人あまりに達したという。またここには三百人以上の外国人が参加したともいう。このローマ字化には常に外国人の支援があったことは戦後までずっと尾を引く問題となる。

外国人がローマ字化を支援するのは当り前だろうと思うのが困るところで、この外国人たちがたいてい西欧言語学を身につけていて、これで日本語をあげつらうのが事態をいつでも混乱させているように素人のぼくには思えてならない。

ローマ字推進の組織は、すぐにヘボン式（shiと書くほう）と日本式（siと書くほう）に分裂し、たがいにその優劣を論じることに大部分の精力を費いはたすことになる。この〈国語問題の党派性〉は、この問題をちょっと噛《か》じると本当にイヤになってくる原因となるのだが——。

漢字全廃論が下火となるのは〈日清戦争〉の勝利（明治28）がもたらした国粋主義の勃興が

無関係ではあるまい。しかし、すぐにかの明治33年の国語調査委員会が設置されていることを忘れてはならないだろう。全廃論は地下に潜行したと言えば、国語学の先生には怒られるだろうが、ぼくにはそう見える。そしてローマ字論者、カナ文字論者と手を結んだ（これもオコられそうな表現だな）。

国語改革にふりまわされた年代だから

こんな調子で書き進めるつもりじゃなかった。それにまだもう一本の国語改革の柱〈かなづかい〉の戦前の動きには少しも触れてないのだ。

しかしちょうどぼくのような年代は、本当に国語改革なるものにふりまわされた年代で、つくづくうんざりしているから、どうしてもものの言い方がとげとげしくなる。

国民学校時代は少年Hじゃないけれど、一生懸命〔けふ（今日）〕〔とうきやう（東京）〕と歴史的仮名づかひを覚えたものだ。しかしなるほど学校の教科書はそうだったが、世間では〔とーきょー〕と書く大人は多かった。どうもこれは明治37〜38年の日露戦争後、一時行われた仮名づかい（よく棒引き仮名づかいと呼ばれる。実際小学校でこう教えていたのだ）の影響だろう。これは森鷗外らの猛反対にあって明治41年にはやくも撤回されて歴史的仮名づかひに戻される。

大正13年に再び仮名づかいの改定があり、〔くゎ〕と書くところを〔か〕でよくなった。〔果実（かじつ）〔絵画（かいが）〕でいいということになった……とこう書いたが、実のところこれでいいのだろうか、ぼくには自信がない。〔果実（くゎじつ）〕でなきゃいけないんじゃないか、〔絵画（くゎいが）〕と書いたっけ、とんと記憶が蘇《よみがえ》らない。

妹尾河童さんが書いている昭和17年の改定とはどんなものだったのだろう。一度昔の日本植民地における日本語教育用の仮名づかい教則本というのを見たことがある。まったく字音準拠で、戦後の〈現代仮名づかい〉よりずっと急進的なものだった覚えがある。たぶんこれと類似したものだったのではないか。「日本語をアジア全地域に広めるために」という記事がそのことを示している。

どうして日本語はこんなに変るのか

ぼくの記憶が混乱し蘇ってこないのは仮名づかいばかりではない。一生を通じてどうして日本語はこう変るのだろうと思い続けているのだが、いつから、どれがどう、変ったのかが全然覚えがないのだ。知らないうちに変ってしまっている——。

例えば〈字体〉がそうだ。〔友達の達〕はいつから横の棒が一本少なくなったのか、ぼくの小さいころは、いや大人になってもあの字は〔達〕と書くのだと思っていた。〔沢〕は〔澤〕だし、〔青〕は〔靑〕だし、〔者〕は〔者〕だし、〔歩〕は〔步〕だし……。

いっそのこと齒→歯や會→会のようにはっきり略字になってくれればいいのだが、ほんのちょっと変えられるのがひどく困る。まあ細かいことはいいじゃないか、とはいかない。〔細かい〕の糸へんを左から点を三つ書いたらいまの学校では0点だ。

この、学校では——というところが問題なので、日本の国語改革はいつでも、①まず知識人を集めて討議したという形をつくる、②答申を出す、③文科省（旧文部省）はそれを抵抗の少ない（というより無抵抗な）義務教育で実施してしまう。

だから卒業してしまっている大人は変ったことも知らなければ、どう変ったかの情報もない、ということになる。だから大人相手の出版物はなかなか変化をとり入れない。あらゆることが不徹底で、混乱のままごちゃごちゃ同居していることになる。

〈書き順〉〈送り仮名〉がこれに加わる。書き順なんて大人になってこと新しく習うはずがないから、親が子に教えるのは常にふるいもので、そのまま学校で書いたら間違いなくおこられる。送り仮名のことはもう書きたくもない。以前中央公論新社から出た『日本語の世界』の中の『国語改革を批判する』（第16巻）。これの「国語改革の歴史・戦前篇　大野晋／戦後篇　杉森久英」はまことにコンパクトで、この項はほとんどこれが種本《たねほん》なのだが、その中に大岡昇平「送りがなのまちがえ方」という文章が引用されている。

各人各様、野放し状態にあった送りがなの統一の要望にこたえて作ったとか、教育界でも出版界でも困り切っていたと、審議会の連中はおっしゃるが、大ゲサなことは言わないものです。われわれが漢字まじりの日本語を書き表わすのも便宜手段なら、送りがなも便宜的になるのはあたりまえで、各人各様で結構です。通じる人には通じ、通じない人に通じないのは、なにも送りがなに限りません。

（『週刊新潮』昭和34年7月27日）

困るのは一種の便乗改革

送り仮名に限らない。仮名づかいも字体も相当ルーズでかまわないと思うのだが、日本人という人種はそうはいかないらしい。新聞社、雑誌社おのおの自社コードを作って厳密にこれを適用しようとする。

まあそれでも、漢字制限、仮名づかい、送り仮名等は議論があるからいい。困るのは一種の便乗改革、字体とか書き順とかの改定で、これが何となく確たる議論もなしに実施されてしまうことだ。その最たるものは〈振り仮名〉（＝ルビ）の廃止だろう。

戦前出版の、漱石や鏡花の本を読むと振り仮名だらけだ。冒頭に引用した妹尾河童さんの『少年H』は全篇小学5年の教育漢字を標準に、それ以上の難しい漢字には振り仮名をつけるというプリンシプルで書かれている。ぼくは振り仮名必要論派で、どうしてこれが廃止の憂き目に遭っているのかわけがわからない。

振り仮名廃止は廃止論者の作家山本有三（『路傍の石』や『真実一路』等で有名）が戦後参議院議員となって国語改革の中心となって指導したからだ、という説が有力だ。彼の小説は貧しい環境の少年が自立していくところに広い読者を獲得出来る素地があり、小説など読んだことのない人々にも読まれた。こうした層に自分の作品が支えられているという自信は、自分の書く文章の日本語をより易しいものにしようという欲求に結びつく。すでに昭和13年ごろからその主張は明確になってゆく。彼は例えばこうした文章をその理想とした。

> こくらでは別におとがめを受けなかったが、十蔵は元田城攻めの責めを引いて、潔く謹慎してゐた。しかし江戸へもどってからも、やはり、なんのごさたもなかった。
> 十蔵は堅く門をとざし、窓を締めて、しんめうに引きこもった。
>
> （『ふしゃくしんみゃう不惜身命』昭和16年改訂版）

もともと〈編輯〉と書いていたのを〈編集〉としたのは昭和14年の岩波版『山本有三全集』からだそうだが、彼は自分の書く文章の漢字を出来るだけ制限し、略字体を使い、〈時雨《しぐれ》〉

〔梅雨《つゆ》〕等の発音上の必然性のないものは仮名書き、漢字が二字つづけば音読、一字の時は訓読、例えば〔生物〕と書けばセイブツ、イキモノの時は〔生き物〕と書くのを原則とする……等の規則を自己に課した。

たしかにこうすればルビを振らなくてもすむ。将来はこうした方向に日本語は向いてゆくだろうと山本は思ったのだろう。

過去の作品を読むのに振り仮名ほど便利なものはない

しかし、こうした書き方で書かれてない過去の作品を読むのに振り仮名ほど便利なものはない。

そして子供たち、彼らにとってこの世の中の本という本はたいてい過去のものだ。その子供たちにはルビは必要ではないのか。

ぼくはどうも漢字制限、新仮名も含め、カナ文字、ローマ字論者共通の弊害はこの過去を一切尊重しないことにあると思えてならない。ぼくは「山本有三は眼が悪かった。彼は眼を悪くしたのはルビのせいだと思っていた」と揶揄《やゆ》はしないが、ルビ廃止はどうしても解《げ》せない。

結局振り仮名廃止は方針としては出たが振り仮名は死滅せず、最近はむしろ復活の気味がある。いつもの国語改革の不徹底パターンはここでも崩れなかった。

この項の最初のところで、日本語改革の陥りやすい誤りは〈時間的錯誤〉だと書いたのはまずはこのことで、国語を改良すれば必ず日本人はそれに慣れて、簡明で合理的な日本語を話し書くことになるだろうという改良論者の観念が〈時間的錯誤〉に満ちていると思うのだ。彼らの目線はたしかに未来に向いているが、ぼくたちの周りにある文化遺産はすべて過去のものではないか。

GHQの日本語に関する指令

じつは〈時間的錯誤〉にはもう一つ、少し別の種類のものがあって、これがかなり重要なのだ。

戦後すぐGHQが出した日本語に関する指令は、道路や駅における地名、市町村名の標示を英語でもすること、つまりローマ字ですることだった。そしてこのローマ字は修正ヘボン式であることが求められていた。ヘボン式の勝利はこのとき定まった(日本式が盛り返すのはコンピュータの時代になってからだ)。

同じ昭和20年の11月20日、GHQのCIE(占領軍総司令部民間情報教育局)に呼びつけられた文部省の教科書局長は教科書担当のホール少佐から「教科書のローマ字化」を求められ驚倒する。このホールという人ほど後に日本の保守派の国語国字論者から批判、というより罵倒された人はいない。教育学やアジア問題を大学で学んだかもしれないが、日本のことも日本語もろくろくわかってないのに、日本語が複雑で国民の読み書き能力《リテラシー》が低いのはそのためだ、と思い込んでいた人物――悪評嘖々《さくさく》なのだ。

おまけにその日のうちに上司の教育課長ヘンダーソン中佐が「教科書のローマ字化なんて考えていない」といいだす始末。

どうも占領直後から持ち上ったソ連との冷戦で日本をアメリカ側にとどまらせるためにも、日本人のプライドを傷つけるような日本語改革には待ったがかかったらしい。その一方で、日本があのような無謀な戦争に突入したのはとても理解出来ない、たぶんあれは漢字という魔術的《マジカル》な言語を使っているせいだ、といった論が真面目に討議されていたフシもある。

占領軍内の意思の不統一や個人的好悪の感情、政治的な思惑が、日本のそれとからみ合った。前にも書いたが国語改革は戦前から純粋に文化的問題ではなく、常により国策的であり政治性を帯びる性質のものだった。そしていつでもそこに陰険な策略めいたものが見え隠れした。

いまだに根強いローマ字論者

例えば昭和21年11月に告示された〈当用漢字〉と〈新かなづかい〉、この当用漢字1850

字の〝当用〟とは何だろうか。当座の用、の意味だろうから将来さらに削減、簡易化を目指すということだろう。しかしそれはあまり表立ってはいけない。そこで将来の構想を匂わせるだけの〝当用〟の字を使ったのだろうと思う。ところがしばらくたつと反対派が巻き返した。いつの間にか〈当用漢字〉は〈常用漢字〉となった。常用――裏の意味はもうこれ以上減らさないということだ。

いわばこうした奥女中的、姑息《こそく》な措置がくり返される、そのたびに振り子のように旧から新、新から旧へと施策が変る。言語政策の難かしさはわかっているつもりでも、各人が自説に固執すること、これに優るものはないと思う。これではまとまりっこない。

ぼくは中学時代、やや本格的なローマ字教育を受けた。きちんとローマ字だけで書いた教科書での授業の時間があった。ローマ字教育はあきらかにぼくの体験では無駄なことだったが、ごく最近、そんなことはないという本が発刊された。あのホール少佐のことを評価している数少ないと思われる本だが、一読やはり納得出来ない。しかしローマ字論者はいまだにちゃんといるのだ。

国語審議会脱退騒動

もうこれ以上くだくだと戦後の国語改革の詳細を書くつもりはないけれども、最大の論争は国語審議会改組発足以来十余年を経た昭和36年に起った。論争というより脱退騒動である。

作家舟橋聖一以下五人の表意派といわれる委員が審議会を脱退した。彼らの言い分はこうだった。「（現在の互選推薦方式では）毎回多数の表音主義者と少数の反対者という固定したメンバーしか選ばれない。進駐軍の干渉が強かった時代そのままの人員である。本来表意派と表音派が五分五分の意見を闘わせてこそ審議会の意味があるはずだ」

ここには文部省の官僚の中に、連綿《れんめん》としてカナ文字主義者、ローマ字主義者が根強くあり、全体が進駐軍の意向もあって表音主義の方向に強くひきずられているという不満があった。それが表面化したのだ。

「彼ら表音主義者は審議会を隠れミノにして漢字全廃にもってゆこうとしている」という表意派の主張は疑心暗鬼ではなかったように思える。しかし五人の脱退は一つのターニング・ポイントだった。以降表音派の活動はそれほど活発ではなくなり、改革の改革とでもいうべき表意派の意見が積極的に提案される。

それでも、まったくもとのように旧仮名、難しい漢字の昔に戻ったかというとそうではない。ただ今現在ぼくたちが準拠しているような、ある意味中途半端な箇所に日本語改革はずっと止まっている。

新しいものがいつでも古いものよりよいと思い込むのはおかしい

実はぼくがもう一つの〈時間的錯誤〉といった間違いがここにある。若い人たち（この問題に関心は低いのだが、それでも若干興味のある若い人）は国語改革がいわば一直線に、難しい日本語から易しい日本語に、ふるめかしい国語から新しい国語に、非合理的なものから合理的なものに、進化してきたと思っているきらいがある。故に改革は常に正しい方向に改革されているのだとカンちがいしているフシがある。

そうではない。新しいものがいつでもふるいものより単純にいいと思い込むのは〈時間的錯誤〉にほかならない。ここに書いた国語改革の、あまりに簡約しすぎて舌足らずになった小史を見ても、改革の評価がそんなに簡単なものではないことはわかるだろう。

実はコンピュータの日本語プロセッサーの〈変換機能〉がこんなに短時日に、これほどの成長をみるとは誰も思っていなかった。国語改革はまったく異なった〈相〉を示しはじめている。ローマ字化の問題も、ローマ字入力のことをはずしては考えられないだろう。その時にこれまでの長い国語改革の歴史をあまり単純にふり返ってはならない。

いまどうしてこれだけ日本語のことが話題になるのに、特に戦後の混乱期に行われた国語改革のことが取り上げられないのかわからない。

助詞わ助動詞と共に、添着性の日本語の「たまの宿り」であッて、國語擁護の灸所である。（略）

こォ考えて来て、どこかで大いに叫びたいと思ッてゐたヂャアナリズムの訴えを、ここで一言しよォと思う。ヂャアナリズムが國語に寄與するところわ、今更言うまでもないが、又、それほど有力であり、期待せられるものであるだけに、へたなことをしてもらッてわ困ると、私わ切に訴える。

（石黒魯平『標準語』昭和25）

敗戦後、日本語に対する意見がまだ百家斉放だったころには、こうした文章もあったのだ。まるでパラレル・ワールドのもののようなこの日本語を見ていると、もしあの当時、日本語がこう定まっていたらその後はどうなっていただろうと不思議な空想にとらわれてしまう。

ラジオ・デイズ
――それは〈ごった煮〉の文化だった

芸能の復興の速さは、敗戦日本の潜在的「力」の表れだった。それをラジオを中心に見てゆこうと思う。

いまのラジオからは想像も出来ない世界がそこにあった。この時期、いまのNHKだけがラジオだが、その活気、豊かさ、日本人の生活の中に占める位置の大きさ――がまるでちがう。最近よく〈ノスタルジック・ラジオ〉のことが話題になるが、この本であつかう時期（昭和20～25年）のラジオは、そんなセピア色がかった回顧的なものではない。それは猥雑《わいざつ》なまでの多様さ、偉大な〈ごった煮〉だった。

『真相はかうだ』とGHQ

もちろんラジオはまだジャーナリズムとしての機能を発揮出来る状態ではなかった。戦時中の軍部による長い統制が終っても、またすぐ占領軍による支配が待っていたからだ。

GHQはさまざまな要求をCIEを通じてつきつけたし、直接に番組の製作もした。その代表的なものとしていつも挙げられるものは『真相はかうだ』だろう。記録によれば昭和20年の12月9日にはじまり翌21年2月10日に終了という短期間だが（タイトルが旧カナ表示なのはそのため）、強烈な印象をぼくたちに残した。台本を執筆していたのはCIEの二人のオフィサーだから、まったくの占領軍の直接製作で、満州事変以来の日本軍部の隠蔽された悪行の真相を太郎という少年に語る形式だった。南京大虐殺やバターン死の行進をはじめて知ったときの深刻さを、子供ながらよく覚えている。

たしかテーマ音楽はグリーグのピアノ協奏曲ではなかっただろうか。東京裁判関係の報道にはいつも決まってバッハのトッカータとフーガが使われていたはずで、この二曲を聴くといまでも言葉以外のある感じがつきまとってきて、気持が乱れる。もう一曲、これはニュース映画（テレビ以前では貴重な映像媒体で映画館の劇映画上映の前に、時によっては数本流された。日本製もアメリカ製もある）だったが、ベルリオーズの幻想交響曲の第四楽章が国連総会のBGMに使われたのにはまいった。後々この曲を聴くたびに必ずこの選曲の皮肉さを想い出してしまう。ご存じのようにこの楽章には題名が付いていて、それは「死刑台への行進」なのだ。困った選曲をする人がいたものだ。

天気予報の再開で終戦を実感

ああ戦争は終ったのだ――はっきりこう思ったのはラジオが天気予報を再開した時だった。戦時中は機密事項として中止されていたからで、復活は8月15日から一週間たった8月22日。灯火管制をしなくてよくなった夜の明るさのことはよく書かれているが、天気予報もまた間違いなく平和のしるしだった。同じ日に慰安娯楽放送が再開されたから印象は全部鮮やかなのだ(軽音楽や流行歌が復活するのは9月9日から)。

その9月にはもう『実用英語会話』なる番組が杉山ハリスによってはじまっているはずだが(日本人はこういうことになると何でこうも素早いのだろう。マッカーサーが厚木に到着するより早く『日米会話手帖』が印刷されていたのは神話でも何でもない)、ぼくはこの番組を全然覚えていない。

もちろん翌21年2月1日からはじまった平川唯一の『英語会話』はよく覚えている。あのテーマ・ソング、「ショーショーショジョジ」(童謡「証誠寺の狸囃子」)のメロディにあわせた「カム・カム・エブリボディ」はたしかにある意味で時代の象徴だった。もう歌詞をちゃんと覚えている人も少なくなったろうから、ここに挙げておく。

Come come everybody;
How do you do and how are you;
Won't you have some candy,
One and two and three, four, five;
Let's all sing a happy song,
Singing tra la la

もっともこの番組を聴いて英語が上手くなった人間は誰もいないというのが定説だが。英語の時間開設も早かったが、大相撲の中継が再開されたのも20年の11月16日とすごく早い。あまり普通の聴取者には関係のない話のように聞こえるけれども、ラジオ放送に〈15分一単位制〉（アメリカのクォーターシステムにならい、15分単位の番組編成が採用されたのだ）が導入されれた（20年12月）ことは、その後のラジオ文化に与えた影響がすごく大きい。

もちろん占領軍の指導によるものでアメリカの放送形態の輸入だった。いやラジオばかりでなく日本の文化全体に、この15分一単位制は影響している。日本人の息つぎは短く（いわばアメリカ的に）なった。アメリカ化というのは、こうしたところから端的にはじまるものだ。

メディアというより伝言板だったラジオ

『復員だより』『尋ね人の時間』などはこの時期ならではの番組だ。前者は昭和20年1月15日に始まり、7月1日から後者に移行する。復員・引揚げ・戦災などで肉親と別れ別れになった人たちの伝言板だ。土・日を除いて当時午前、午後の二、三回放送され、終了したのは16年後である。この16年という長い年月が、そのまま戦争の傷あとなのだろう。9万9500余件が放送され、25％以上が解決されたという。この1／4という数字、感謝すべき数字のようにも、ひどく残酷な数字のようにも感じられる。

この当時のラジオはメディアというよりはたしかに伝言板のようだ。「昨日もスケソウダラ、今日もスケソウダラ、明日もそう」と貧困な配給を皮肉られた『配給だより』、物不足の悲惨を少しでも気分転換させようとした『産業ニュース』もそうだが、『〜の時間』『〜に送る夕《ゆうべ》』と名付けられた番組が目立つ。

『農家の時間』『婦人の時間』『療養の時間』は特定対象へのインフォメーションに、たいてい音楽のサービスがついた。『農村に送る夕』『漁村に送る夕』『炭鉱に送る夕』、これらはいまだにNHKテレビが得意としている。これも特定対象相手と銘《めい》打《う》った、内容はバラエティ番組だ。ラジオはマス・メディアとしてよりは、こうしたナロウ・ターゲット・メディアとしての役割を当初から自覚していたように思える。

とても面白かった最初の選挙放送

しかし、このときNHKの当事者たちがいちばん苦労したのはラジオが〈聴こえる〉ことだった。『放送文化』という雑誌は昭和21年6月1日の発刊が第1号だが、その巻頭記事は「聴ける放送確保の途」がタイトルだ。難聴取の解消はひどく困難な道だったが、この克服がなければラジオはメディアの資格を得ることが出来なかった。その意味ではじめて〈選挙放送〉が実施された昭和21年の3月（翌4月10日の選挙のため。この選挙は日本での婦人参政初選挙だ）は記念されるべきだろう。

この最初の選挙放送はとても面白い。政党放送と立候補者放送の二種類があるのは今と同じで、政党放送は12以上の都道府県に立候補者を立てた政党に限られた。進歩党・自由党・社会党・共産党・協同党・養正会・革新党・新日本党の8党になった。

候補者放送は不思議なシステムだった。候補者の少ない府県は一巡してもまだ時間が余った。全国同一の放送時間を用意してしまったからで、そうすると何ともう一回アタマへ戻って政見放送が出来たのだ。それでももう一巡出来ず途中で時間の割当てがなくなることがある。その場合は抽籤《ちゅうせん》というのだからかなり乱暴で、さすがに悪評だったらしい。このときの『放送文化』を読むと反省の弁しきりだ。

だんだんとメディアらしくなり、ジャーナリズムが生まれてくる。特筆すべきは『街頭にて』後に『街頭録音』、そして『放送討論会』だ。後者のことをまず書く。

名人芸だった『放送討論会』の司会

『放送討論会』の第一回が放送されたのは昭和21年4月20日。さすがに生放送は無理で15日に録音を採っている。テーマは選挙放送が行われたあの4月10日の総選挙で、〝国民は新議会に何を期待すべきや〟だった。

時間枠は60分だった。三人のいままでいえばパネラーがいる。一人10分ずつ意見がのべられる。まず6分で第一回目の意見陳述がある。一巡したところで4分の補足意見が出来る。これが前半。後半の30分が会場からの質問の一問一答。

二回目のテーマは〝幣原《しではら》内閣は存続すべきや〟というのだから、ずいぶん先鋭的だった。三回目は〝食糧問題の解決はどうすればよいか〟。このときの出席者は楠見義男（農林省食糧管理局長官）、平野力三（日本社会党）、伊藤律（日本共産党）。伊藤律の名前が見えるのが興味深い。四回目のテーマは〝失業問題の解決はどうすればよいか〟。

考えるだにこの番組の司会は難しそうだ。司会は河西三省アナ。たしか専門はスポーツ畑ではなかったか。進行のさばきが名人芸だった記憶がある。

忘れられない東京裁判判決の生中継

もう一つの『街頭にて（街頭録音）』、一般の人々がマイクに向って自らの意見をいう、日本人にとってまったく画期的な番組だったが、この司会で一躍花形アナとなったのは藤倉修一だ。始まりは非常に早くて昭和20年9月29日と記録に残る。『街頭録音』と名を変えるのは21年の5月からだ。この番組のことはしばしばとりあげられているからこれ以上は書かないけれども"ラクチョウのお時インタビュー〟と21年6月3日、第一回放送の〝あなたはどうして食べていますか〟は真にラジオ的なジャーナリズムの精神を発揮したものだ。特に後者のタイトル即コンセプトの辛らつ、直截《ちょくさい》なことといったらない。国民全部が闇行為をやっていたのだからこのタイトルだけでその起爆力はたいへんなものだった。

この時期、報道系番組の中でもっとも記憶に残っているのはやはり『東京裁判判決の生中継』（昭23・11・12）だ。「Death by Hanging 絞首刑」の宣告をナマの声（「絞首刑」という通訳の外国人特有の日本語アクセントが耳にこびりついている）で聞いたことは一生忘れない。

ラジオは「娯楽の殿堂」だった

これだけ多種類の報道・情報系番組があるほかに、というよりそれよりもずっと分量多く、ラジオは〈娯楽の殿堂〉だった。

音楽のことは後で書く。演芸のほうも昭和30年過ぎまで黄金期で、数多くの名人・人気者がラジオの電波に乗った。落語の文楽・柳橋・金馬・柳好がいて、志ん生も円生も苦労して満州から引き揚げてきた。業界《ギョーカイ》では〝お化け〟と呼ぶが、こつぜんと現われた大人気者には歌笑がいた。『歌笑純情詩集』と名付けたナンセンス創作落語が売り物だった。この人は進駐軍のジープにひかれて死ぬ。

漫才のブームはすこし後になるが、漫談の牧野周一、日航機「もく星号」の三原山事故（昭27）で死んだ大辻司郎、声帯模写の木下華声、音曲の三亀松、後に政治を志す演歌師の石田一松、紙切りの正楽……ジャンルも人材も多彩で盛んだった。

占領の当初は封建制度の美徳を称《たた》えることはご法度《はっと》だったから浪花節は困っただろう。戦前・戦中のような人気を得ることはもはや不可能だった。講談は浪花節よりはこの影響は受けなかったが、神田山陽、若年だったら一龍斎貞鳳のような人気者が出ても、後継者難でやがて衰微してゆく。


知的エンタテインメントの登場（『話の泉』『二十の扉』）

ここではいかにもラジオらしい番組のことを書こう。

まず非常に新しい、いまの言い方なら知的エンタテインメントと呼ぶべき番組が続々始まった。いずれもクイズないしその変型である。

『話の泉』(昭21・12・3〜39・3・31)、この放送期間でわかるとおり大長寿番組だった。第一回の最初の問題が〝犬と猫のアゴの動きはどう違うか〟で、これは誰も答えられなかったらしいが、こうしたいわば雑学の博識を競う番組で、もとはアメリカの『Information Please』。レギュラー回答者は——もう名前を挙げただけではどういう人かわからなくなっているから職業くらいは説明しておく。堀内敬三(音楽評論家、数々の名訳詞がある)、山本嘉次郎(映画監督、『海軍』等が代表作、黒澤明の師)、渡辺紳一郎(新聞記者、コラムニストのはしりのような人)、サトウ・ハチロー(詩人・作詞家、回答者の中ではややトンチンカンで、しかしユーモアあふれる答えをする役割だった)。司会は最初は徳川夢声だったとのことだが、ぼくはほとんど記憶がない。鮮明に覚えているのは和田信賢アナ(あの終戦の詔勅放送の枠アナをやった人だ)で、歯切れよく「ご名答!」とやる口調は忘れられない。名調子だった。以後高橋圭三、鈴木健二と、これはNHKの名物アナの指定席となる。

ほぼ一年遅れて『二十の扉』(昭22・11・1〜35・4・2)が始まる。これももとはアメリカ産の『20 Questions』、このての番組はもちろんCIEの指示で出来たものだが、これは良いことをしてもらったと感謝していい。万物を動物・植物・鉱物にわけて、20の質問の間に当てるもので、第一回は〝竜宮城の乙姫《おとひめ》さま〟だった。司会は藤倉修一、回答者は作詞家の藤浦洸《こう》（「一杯のコーヒーから」「悲しき口笛」「東京キッド」等）、医師で随筆家の宮田重雄、推理作家の大下宇陀児《うだる》、新聞記者の塙《はなわ》長一郎、女優の竹下千恵子（後に柴田早苗）だった。

今日のTV番組に受け継がれている

昭和24年には新しく二本が始まる。

『私は誰でしょう』（昭24・1・2〜44・3・23）は司会・高橋圭三。聴取者が登場するのがユニークで新しかった。

純粋に日本産なのが『とんち教室』（昭24・1・3〜43・3・28）。いちいち放送期間を書いているのは、どれもがいかに長寿番組だったかを知ってもらいたいからだが、また当時生まれたこの種の番組が、今日でも形を変えてTV番組に受け継がれ、日本人の嗜好をある意味で決定している事実を考えてもらいたいからでもある。この『とんち教室』はいかにも日本人好みの言葉遊び、洒落・地口《じぐち》・物《もの》は付《づ》け・見立て等の趣向に富んだもので、司会は先生、回答者は生徒という仕立てが成功の一因だった。先生は青木一雄アナ、生徒は石黒敬七（柔道家、長くフランスで柔道を教えていた。本業はユーモリストと称し、ガラクタの蒐集という奇癖があった）、長崎抜天《ばってん》（漫画家）、春風亭柳橋（落語家）、三味線豊吉（俗曲の名手）、いずれも全国的人気者となった。

現在のバラエティやトーク番組の先駆だった『陽気な喫茶店』

クイズ形式の知的エンタテインメント以外にも新時代らしい番組が次々とオン・エアーされる。

まず昭和22年10月からはじまった『日曜娯楽版』。この番組のことは三木鶏郎を中心に作られていった『冗談音楽』の時事風刺が、たびたびGHQの忌避にふれて放送禁止のうき目にあったことで有名だ。こうしたバラエティ番組、あるいは現在のトーク番組の先駆的プログラムとして昭和24年4月5日スタートの『陽気な喫茶店』を逸するわけにゆかない。

レギュラーは松井翠声《すいせい》、活動弁士出身だが得意だったのはスラプスティック系の喜劇だったそうだ。アメリカ生活が長かったはずで、つまりはとてもモダンなオジさん。配する若い女性は荒井恵子という歌手だが、これはこうしたお笑い系番組にはまったくのシロウト、なにしろ〝コトコトコットン、ファ・ミ・レ・ド・シドレミファ〟といった歌詞の「森の水車」なるひどく健康的な歌一曲で世に出た、まるで手アカのついてないお嬢さんだった。加えるに三枚目にはお笑い出身、漫才の内海突破。この人の発する〝ギョッ!〟が流行語になった。こう解説してゆけば何のことはない、いまのトーク・バラエティとタレントの布陣はまったく同じだ。

翌25年には『愉快な仲間』でミュージカル・ショーが定着し、森繁久弥『ラジオ喫煙室』で

D・J、ディスク・ジョッキーの形式が確立する。『私の本棚』（昭24・1・4）が開始されたことも加えておこう。第一回にとり上げられ朗読されたのは川端康成の『美しい旅』、読み手は樫村治子だった。

こうして見ると、いかにこの時代が日本の放送芸能史の上で重要な時期だったかがわかる。すべての萌芽がここにあったといってもいい。

ラジオ・ドラマも花盛り

ラジオのドラマもまことに多種多様の花を咲かせた。このあたりの名作といわれるラジオ・ドラマのほとんどを聴くことが出来たのはぼくにとって本当に人生のごほうびで、生活のみじめさを忘れさせるものだった。

たぶん、ぼくばかりでなく多くの聴取者がラジオ・ドラマの面白さを覚えたのは菊田一夫作『山から来た男』（昭21）からだろうと思う。主人公の〝山から来た男〟の純朴無私な人がらが周囲の汚れた人間たちを次第に純化してゆく筋立ては、いかにも当時の世相に疲れ果てていた庶民にとっての心の支え、清涼剤だった。7回の放送だったが次回の待ちどおしかったこと。

続いて同じ菊田一夫の『夜光る顔』、打って変ってこれは恐怖のスリラー。怖かった。

もう少し文芸的な三好十郎の『崖』は山本安英、山村聰に富田仲次郎、加藤道子のラジオ育ちの名優たちがそろって、90分という長尺。

こうした単発ないし短期のラジオ・ドラマの芸術性は昭和23年の田井洋子『魚紋』(芸術祭賞)、内村直也『跫音』である到達点を迎える。前者のボートを漕ぐ音、後者の足音の効果音の使い方の巧さ。いまだに耳に残っている。

連続ドラマの影響力(『鐘の鳴る丘』『向う三軒両隣り』)

しかし社会への影響力の大きさといえば連続ドラマに敵うものはない。昭和22年の7月に代表的な二つの帯ドラが同時に始まる。

一つはあの菊田一夫の『鐘の鳴る丘』で22年7月5日から25年12月29まで790回。浮浪児と呼ばれた戦争による孤児たちをめぐるストーリイには社会的インパクトがイヤというほどあった。同時に連続ドラマにおける主題歌の力をよく示したものであった。「とんがり帽子」〝緑の丘の赤い屋根、トンガリ帽子の時計台〟は全日本人が唄えたといってもいいだろう。

もう一つは『向う三軒両隣り』(昭22・7・1〜28・4・10)、ホーム・ドラマ(というよりご近所ドラマ)の元祖だ。ずっと同じ時間帯で放送する連ドラの威力・特色をこれほど発揮した作品はない。車屋の亀造(巌金四郎)や山田のおばあちゃん(伊藤智子)は本当に隣人だった。

『向う三軒両隣り』が庶民のドラマだとしたら、『えり子とともに』(阿里道子他、作・内村直也。昭和24年10月から) はいわば新生した市民の家庭像を描いたものといえる。知的で自立心に富んだ主人公えり子のキャラクターは新しい理想像だった。

『鐘の鳴る丘』が終ると『さくらんぼ大将』(古川ロッパとボーイ・ソプラノの加賀美一郎) がはじまり、やがて昭和27年の『君の名は』につながるのだが、ホーム・ドラマ、社会派ドラマ、メロ・ドラマ、文芸ドラマ等々、その多彩・豊饒は目を見張るものがある。

北欧ドラマの特集も

しかし、これだけでは冒頭に書いた〈ごった煮〉の感じは出ない。ところが例えば同時期にNHKは一生懸命〈北欧ドラマ〉の特集を組んでいた、と聞けばやや興味がわくだろう。

たしかに昭和21年にイプセン『ペールギュント』、ストリンドベルヒ『父』、メーテルリンク『タンタジイルの死』が連続して放送されている。

歌舞伎・演劇の復活

ドラマなら何でもラジオに載せてみようという当時のスタッフの気分がよくわかる。この〝ドラマなら何でも〟の傾向は、芝居・演劇の世界に目を転じるともっとはっきりする。

歌舞伎は、いち早く復興した。いずれも当代ではなく先代、先々代に当る人たちだが、菊五郎（この名優は惜しくも早々に逝った）、吉右衛門、三津五郎、猿之助（猿翁）、松緑、時蔵、男女蔵（左団次）、彦三郎（羽左衛門）、海老蔵（団十郎）、芝翫（歌右衛門）、梅幸、もしほ（勘三郎）、八百蔵（中車）、寿海、寿三郎、鴈治郎、延若……幸い数えきれないほどの名優が続々出現した。

新劇は千田是也、東野英治郎、小沢栄（栄太郎）、滝沢修、宇野重吉、薄田研二、三津田健、中村伸郎、東山千栄子、田村秋子、杉村春子らがすぐに活動しだす。これらが一同に会する〈新劇合同公演〉が再三行なわれて、ぼくはその『こわれ甕《がめ》』の舞台を観られて本当に感激したものだ。

そのほか喜多村緑郎、花柳章太郎、水谷八重子らの新派があり、辰巳柳太郎、島田正吾の新国劇があり、さらにもっと大衆的な軽演劇があり、巷の浅草オペラまでが復活上演された。

この復活上演というのは盛んに行なわれた。新作は渇望されていたけれどもなかなか間に合わない。歌舞伎・新派など過去のレパートリイを持つところはさすがに強かった。新劇も『どん底』『人形の家』等新しい社会にふさわしい社会派の演劇を既に上演した経験があるから、レパートリイ作品上演はお手のものだった。

観客は餓えていた

観客は餓えていた。芝居と名のつくものなら何でもいい。ぼくはどうしてそんなものを観てるんだといわれるくらいふるくて（しかもこの後まったく上演されることが少なくなった）浅草オペラの『ボッカチオ』（「恋はやさし」とか「ベアトリ姐ちゃん」などのなつかしい歌がある）やエノケンが出演した『ブン大将』などを観ているけれども、これはこの時代の〈新作間に合わず〉興行のおかげだ。

すこしでも書いておかなければならないのは、CIEの肝煎りで上演されたいくつかの〈新しいアメリカ演劇〉だろう。ジョン・ヴァン・ドルーテンの『山鳩の声』あたりが先鞭となったはずで、ぼくはこれも観ている。『二十日鼠と人間』が続いたはずで、前者には轟夕起子（映画）、後者には尾上九朗右衛門（歌舞伎）が出演していた記憶がある。つまりこれはプロデューサー・システム（劇団やグループによらない、プロデューサーがその都度キャスティングして俳優を集める）のはしりだったのだ。

この雑然たる演劇状況、能（ここも名人が多かった）から『肉体の門』『額縁ショー』のストリップまでが混然と同居している状況は一種の熱気を呼んだ。しかも（ここが重要だが）観客が一つのジャンルに固定しなかった。歌舞伎ファンも新劇を観たし、新劇のマニアも新派を観た。戦時中の長い飢餓状態が、この〝芝居なら何でも〟の気分を生んだ。演劇の熱気がこれで増幅されないわけがない。

この傾向は音楽ではもっと顕著だった。もう一度ラジオの、こんどは音楽番組にもどってみよう。

もっとも望まれたのは音楽番組だった

もっとも望まれたのは音楽番組だった。レコードやテープも、そうした再現のツールがまったく乏しかった時に、たよりになるのはラジオだけだった。

はやくも昭和20年の12月31日に『紅白歌合戦』の前身たる『紅白音楽試合』が放送されたことはたいていの戦後史に載っている。

それより早い10月に『希望音楽会』が始まった。聴取者の希望（リクエスト）によって名曲をお届けするというのが企画意図だったが、例の『放送文化』初号に「大衆音楽放送展望」と題してNHKの丸山鐵雄局長が一文を寄せている。その内容が興味をひく。『希望音楽会』に対する聴取者の投書は、純音楽（クラシック）三割、軽音楽六割、あとの一割が邦楽だという。

邦楽がちゃんと一割あるところが面白い。もちろん邦楽の中でも俚謡《りよう》（民謡と俗曲。純粋の民謡ブームはもうすこし後のことで、俗曲または俗曲化した民謡のほうが多数を占めていたのではないかと思われる）がいちばんだが、長唄・常磐津・義太夫の希望がしっかり多いと書いてある。実際、当時は長唄の伊四郎（後の伊十郎）、和風、小三郎等の名人がいて、多くの聴取者がその放送を楽しみにしていたことを覚えている。

クラシックのリクエスト・ベスト・テンも掲載されている。①ベートーベン「運命」、②「合唱付き」第九、③「田園」、④シューベルト「未完成」、⑤ビゼー「カルメン」、⑥シュトラウス「美しき青きドナウ」、⑦ベートーベン第七、⑧ピアノ協奏曲「皇帝」、⑨ベートーベン「英雄」、⑩チャイコフスキー「悲愴」――日本人の定番は当時もいまも変っていない。

軽音楽はバンドでは灰田、桜井の両楽団、歌手は灰田勝彦、ディック・ミネ、霧島昇、東海林太郎、高峰三枝子、轟夕起子、月丘夢路、高峰秀子、並木路子（「リンゴの唄」）、童謡の川田正子、ボーイ・ソプラノの加賀美一郎。

あのころの音楽は〈ごった煮〉だった

なるほど、よく当時の人々の嗜好が出ている、といいたいところだが、その結論はもうすこし待ってもらいたい。あの時期の音楽の実態は、じつは本当に〈ごった煮〉なのだ。

『希望音楽会』のすぐ後、翌21年の1月19日に『のど自慢素人音楽会』が始まる。最初よく唄われたのは「リンゴの唄」「愛染かつら」「誰か故郷を想わざる」「赤城の子守唄」だったと記録があるが、実際にはもっと多種多様の歌が唄われた。歌謡曲ばかりではない、歌曲もシャンソンもタンゴも童謡も唄われた。そうした中で誰も聞いたことがない「異国の丘」が唄われて、あれだけの反響を呼んだのだ。さまざまの歌が唄われるという番組の素地がなかったら、あのシベリア復員兵はあの場に現われただろうか。

人々の周囲に歌や音楽があふれていた（黒澤明の『野良犬』）

人々の周囲にどれほどの豊かさで歌が、音楽があふれていたかを示す不思議な証拠がある。黒澤明が昭和24年に監督した映画『野良犬』がそれだ。以下ストーリーを追ってみよう。

ストーリイは警視庁捜査一課の新人刑事（三船敏郎）がバスの車内で拳銃を掏《す》られたことからはじまる。スリ常習犯の顔写真ファイルから、一人の女スリが浮かぶ。必死の新人刑事は懸命に女スリの後をつける。

非常に有名な映画でＤＶＤも出ているから手易く一見出来る。巻頭からこのへんまでは音楽は普通に早坂文雄が作曲した劇音楽だった。ところが、なかなか白状しない女スリ（岸輝子、俳優座の重鎮の女優で千田是也夫人、好演）が情にほだされて刑事に拳銃の密売ルートを教えるシーン。ここで夜の土手で吹いているハーモニカの音楽〈現実音楽、画面の中にリアルに音源が呈示されている音楽、既成曲が多い〉がバックに流れる。曲は明治以来日本人には耳なじみの「ダニューブ河の漣《さざなみ》」。

ここから拳銃のルートを追って東京中を探索するロケーション中心のシーンになる。ちょうどアメリカ映画『裸の町』が封切られて、そのリアルな街の風景の中での警察活動のドラマがセミ・ドキュメンタリイ・タッチといわれて有名になった。『野良犬』は明らかにその影響下に作られている。

探索は短いショットのモンタージュで表現されるが、そこに多量の〈現実音楽〉が流される。流行歌だけでも「夜来香《イエライシャン》」（中国風）、「南国のバラ」（タンゴ風）、「ブンガワン・ソロ」（東南アジア風）、「東京ブギウギ」（ブギウギ）、「アイレ可愛ヤ」（アイルランド民謡風）、「恋の曼殊沙華」。流行歌ばかりでない、ラテン、ハワイヤン、ナポリ民謡、シャンソンの「巴里の屋根の下」、クラシックの「ホフマンの舟唄」まで出てくる。

これらはすべてラジオ、街頭の広告塔、キャバレー・クラブでの生演奏等、音源は現実にあるものだ。

そのうちに盗難拳銃を使用したと見られる強盗殺人事件が起って、主人公はベテラン刑事（志村喬、『酔いどれ天使』以来の三船との名コンビだ）に相談する。

再び探索がくり返される。後楽園野球場の巨人戦を背景にしての故買屋逮捕のシーンは傑作だが、ここではラジオの野球中継では必ず流されたマーチが使われている。

二人は強盗殺人犯の恋人の踊り子（淡路恵子）を突きとめる。ここではフルバンド・ジャズのスタンダード・ナンバーが聞けるし、犯人（木村功）が泊っている安ホテルのラジオから流れるのは「ラ・パロマ」だ。

聞き込みに立ち寄った料亭では三味線で「ハバロフスク小唄」をやっている。結局、ベテラン刑事が撃たれ、主人公の刑事は郊外の駅で犯人を追い詰めるのだが、ここではのんびりしたピアノの練習曲が犯人の撃ったピストルの音で中断され、ふたたび何事もなかったように（弾き手からは二人の姿が見えない設定）はじまるという卓抜な音響設計がある。

そして腕を負傷した主人公がついに犯人を組み伏せた時、子供たちの唄う「蝶々」の唱歌が聞こえてくる。

久しぶりに『野良犬』を見返して、題名を想い出せない曲は何曲かあったけれど、知らない曲はない。そしてそのほとんどは歌詞がおのずと浮かんできて、唄えるのだ。

つまりはあの当時、ぼくの周囲には確かにこれらの音楽、まことに新旧・東西入り混じったものだが、これらの音楽が確実に存在していた。ぼくはそう証言出来る。そしてこれはぼくばかりではない、同時代の人々は皆そうだろうが、いまのようにこの音楽は聴くがこれは聴かないといったことがない。これらの音楽のすべてに慣れ親しんでいたことも証言出来る。『野良犬』はその証拠品だ。

文化全体が〈ごった煮〉だった

新旧とりまぜ、東西ごちゃまぜは音楽ばかりではない、先程の演劇もそうだった。映画もぼくは自分の年齢ではまず観るはずのないものをたくさん観ている。主題曲「リンゴの唄」が大流行した昭和20年10月11日封切の『そよかぜ』が戦後の新作第一号だが、それまでのあいだ映画館が閉まっていたわけではない。それから後も当分の間毎週何本もの新作を供給出来るはずがない。海外作品の輸入もままならない。

とすれば旧作を上映するしかない。ぼくは『愛染かつら』(上原謙・田中絹代)も『人妻椿』

（佐分利信・川崎弘子）も、もっとふるい『新道』（上原謙のデビュー作）も観ている。こうしたメロ・ドラマはかえってその後フィルム・ライブラリーでも簡単に観られなかったから貴重な体験だった。『家族会議』という時代劇俳優の高田浩吉が珍しく現代劇で、しかも目の覚めるような好演技をしている映画も見ているし、『ヨシワラ』（田中路子）、これも滅多に見られない珍品も観た（時代劇が少ないのはGHQの方針に遠慮したからだろう）。無声映画も『白鷺』（高田稔）等を観ている。なんとこの時期、活動弁士が復活していたのだ。

たしかに〈ごった煮〉だったことがわかっていただけただろうか。文化全体がそうだったのだ。面白い時代でもあったとつくづく思う。

Survivor's Guilt
——あとがきに代えて

ここまでお読みになった方は、疑問を抱かれただろうと思う。どうして疎開の話が出ないのか。戦災の話が、空襲の話が出ないのか。いくら戦後を扱っているとはいえ、話がすこしもそこへ及ばないのはなぜか。

ぼくは昭和10（1935）年の早生まれだから当然疎開っ子の年代に属する。同年配の人間の集まりで話が戦中戦後のことになれば、必ず疎開時の餓え、その結果の盗み、農家の見張りに見つかっての処罰、疎開先の子供たちとの確執……話はこうなる。いまでも陰惨な話だ。それでも話は尽きない。

一生で最も幸福だった縁故疎開の一年

ぼくは縁故疎開で、親戚の家を転々とした。最初は鎌倉、次は高崎で、最後は親戚ではないが伝手《つて》を頼って群馬県吾妻《あがつま》郡に移った。

友だちの話に混《まじ》れないのは、いたって幸福な疎開だったからだ。イヤな話はだいたい集団疎開で起っている。当時の鎌倉の海はいまでは想像も出来ない。戦時中で海水浴の客なんていないから、材木座という現在は海辺に降り立つことも出来ない浜で、黒鯛が釣れ地曳網が出来た。最後の吾妻郡は当時の群馬県中之条町からバスで二時間、終点からさらに徒歩で二里（8キロメートル）歩くといった山間《やまあい》の村落で、井戸もなく煮焚《にたき》洗濯も家の前の小川の流れがたより。ここの名主さんの家の離れに祖父母がいたところへ単身ころがりこんだ。

この養蚕《ようさん》農家で過した一年間は、もしかするとぼくの一生の中で最も幸福な一年かもしれない。後に読んだソローの『森の生活』そのもので、都会育ちでまったく田舎に係累を持たないぼくにとっては毎日が驚異と感嘆の日々だった。今でも桑を刈りに行くとき乗る裸馬の感覚が残っている。露天のドラム缶風呂、冬にスキー代わりに履いて滑る太い竹を二つ割りにした滑走具、雨の日着る蓑笠《みのかさ》、毒茸の見分け方、ウドンの打ち方、藁草履だって綯《な》える——だいいち、この一年間ぼくは学校へ行っていない。子供にとってこんなに幸せなことがあるだろうか。

だから例えば国民学校（四年までしか行ってない最初の学校、あとは転々とした）の同窓会などで疎開の話になると、コソコソ逃げ出さざるを得ない。考えてみると〈幸せな疎開〉のことをすこしでも書いたのは初めてだ。とても恥ずかしい感じがする。申し訳ない感じがする。

戦災の話だって、ぼくは出来ない。もちろんわが家は被災しているけれども（東京の下町、下谷区竹町だった）、焼失の現場に居合わせたわけではない。というよりほとんど戦災そのものを知らないのだ。もっとも高崎に疎開していたとき松根油掘《しょうこんゆ》り（松の根を掘り起してそこから油を採り、石油代わりにするということだった）の帰路、米軍の艦載機に機銃掃射され、危うく死にかけたことはあるけれども。五つ違いの弟のほうは二月末の大雪の日、母親に背負われて炎の中を逃げまどった記憶があるから、いまでも空襲の話は嫌らしい。

妻から聞く空襲体験はまさにジェノサイド

ぼくより五歳年上の妻は深川高橋《たかばし》の生れ育ちだから、あの昭和二十年三月十日の大空襲でモロにやられた。この空襲のことは広島・長崎の原爆と同じように日本人に忘れてほしくないから、ここでも書いておく。この空襲で東京の東部、本所・深川・城東・浅草の地区はほとんど全滅し、向島、日本橋も壊滅、東京の1／4が見渡すかぎりの焼野原となった。

これは間違いなくジェノサイド（大量殺戮）だった。

爆撃は午前0時を廻ったころから始まった。約300機のB—29がまず周辺部を焼く。これで逃げ道が絶たれた。このあたりがまず非情な残酷さだ。その後はいうところの絨緞《じゅうたん》爆撃で一面火の海となった。早乙女勝元『図説　東京大空襲』は「焼失家屋26万7117戸、罹災者10

0万8005人、負傷者4万918人、死者8万8793人（8万3793人であると、警視庁は記録している）。ほかに行方不明者や、運河から東京湾にまで流出した無数の死者、今なお地下深く眠る埋没遺体、いち早く遺族に引きとられた死者まで含めると、およそ10万人もの生命が失われたのだった」と書く。

犠牲者の多くは女子供と老人だった。成人男性は兵役と徴用にとられ東京にいなかった。例えば本所緑町一丁目の死者230人のうち20代の男性は4人、30代の男性は6人、あわせて10人しかいない。いかに足弱《あしよわ》の者が死んだかがわかる。

数字ではその物凄まじさはわからない。妻はいう。「あれは普通の火災じゃないの」。炎は上にあがらず横に伸びる。狂奔する大火のとき起きる風のせいだ。置いてあった荷物は爆裂するようにして火を噴く。その熱風が一瞬にして酸欠の死をもたらす。黒焦げの死体はなぜかうずたかい山となる。瀕死の人々が互いに寄り添うからだろうか。それとも火焔と共に吹きつける烈風が炭化した死体を吹き寄せるからだろうか。海上や川の水面は死体からの脂で真っ白だったそうだ。

爆撃は二時間あまり、火が収まったのは午前8時ごろ。帰って来ない家族を探して死体の焦げる匂いの立ちこめる街を歩く。焼死体をいちいちよけてなどいられない、踏みつけて歩いたという。妻の母と姉は帰って来ない。母は翌日帰って来たが、姉はとうとう帰って来なかった。

妻のこの時の体験は、そのままぼくの体験になった。くり返し語られる物語は、聞き手の身に、自らのことのように、体験として貼りつくものだ。この本を書くつもりになったのは、読んで下さる方に〈戦後〉を自らの体験のように感じて欲しいからで、語り継ぐことの大事さは何にも代えがたいものだ。

戦後の〈不公平〉と生き延びた者の罪悪感

それにしても、人によってさまざまの戦争があり、戦後がある。そしてそれは、前にも書いたが、ひどく〈不公平〉なものだ。

死んだ、死なないだけでも、まず不公平だ。戦争とそれに続く戦後のことを思い出すたびに、最初に頭に浮かぶのは〈不公平〉という言葉だ。戦死した者、生き延びた者。家を焼かれた人、家が焼け残った人。闇で儲けた人、餓えに苦しんだ人。戦犯となった人、危うく逃れた人、そして後に復活して首相にも総裁にもなった人、そのまま消え去った人。早くに復員出来た人、抑留され続けた人……。

それは決して運の良かった人、悪かった人ではない。たまさかそのとき運の良さそうに見えた人も、その後長いこと〈生き延びた者の罪悪感〉を味わうことになる。

おそらく日本人はこの Survivor's Guilt の人一倍強い民族にちがいない。生き残った人間のこの罪悪感が靖国問題でもあり、戦後の歴史認識の問題でもあるような気がしてならない。そしてこのことがいちばん、他の民族の人々に理解してもらえないところなのだろう。戦後の話を書いてきて得た感想の、最大のものはこれだった。

〔参考文献〕

昭和・平成家庭史年表（下川耿史《こうし》監修　家庭総合研究会編・河出書房新社）
昭和・平成史年表（平凡社）
20世紀年表（毎日新聞社）
毎日年鑑（同）
毎日新聞　戦後の重大事件早見表（毎日新聞メディア編成本部編・毎日新聞社）
年表　昭和の事件・事故史（小林修・東方出版）
事故の鉄道史（佐々木冨泰　網谷りょういち・日本経済評論社）
鉄道重大事故の歴史（久保田博・グランプリ出版）
新編　日本被害地震総覧（宇佐美龍夫・東京大学出版会）
廃墟の家族たち（塩田丸男『昭和生活文化年代記《クロニクル》②』所収・TOTO出版）
プロ野球70年史（ベースボール・マガジン社）
阪神タイガース　昭和のあゆみ（阪神タイガース）
激動の昭和スポーツ史（ベースボール・マガジン社）
放送五十年史（日本放送協会編・日本放送出版協会）

放送文化（日本放送協会）
ＮＨＫ年鑑（日本放送協会）

鴨下信一（かもしたしんいち）

1935年、東京生まれ。58年、東京大学美学科を卒業後、TBSに入社。ドラマや音楽などの番組を数多く演出する。現在、TBSテレビ相談役。古今東西の文章に造詣が深く、『忘れられた名文たち』のシリーズは、平均的日本人の名文を掘り起こす異色の文章読本となっている。主な著書に『忘れられた名文たち』Ⅰ・Ⅱ、『面白すぎる日記たち――逆説的日本語読本』『会話の日本語読本』『日本語の呼吸』などがある。

文春新書

468

誰《だれ》も「戦後《せんご》」を覚《おぼ》えていない

平成17年10月20日　第1刷発行

著　者　　鴨　下　信　一
発行者　　細　井　秀　雄
発行所　株式会社　文　藝　春　秋

〒102-8008　東京都千代田区紀尾井町3-23
電話（03）3265-1211（代表）

印刷所　　理　想　社
付物印刷　大日本印刷
製本所　　大　口　製　本

定価はカバーに表示してあります。
万一、落丁・乱丁の場合は小社製作部宛お送り下さい。
送料小社負担でお取替え致します。

ISBN 4-16-660468-6

◆日本の歴史

日本神話の英雄たち　林 道義
日本神話の女神たち　林 道義
ユングでわかる日本神話　林 道義
古墳とヤマト政権　白石太一郎
謎の大王 継体天皇　水谷千秋
女帝と譲位の古代史　水谷千秋
孝明天皇と「一会桑」　家近良樹
四代の天皇と女性たち　小田部雄次
象徴天皇の発見　今谷 明
対論 昭和天皇　原 武史・保阪正康
平成の天皇と皇室　高橋 紘
皇位継承　高橋 紘・所 功

*

旧石器遺跡捏造　河合信和
消された政治家 菅原道真　平田耿二
天下人の自由時間　荒井 魏

江戸の都市計画　童門冬二
江戸のお白州　山本博文
物語 大江戸牢屋敷　中嶋繁雄
伊勢詣と江戸の旅　金森敦子
合戦の日本地図　武光 誠・合戦研究会
大名の日本地図　中嶋繁雄
名城の日本地図　西ヶ谷恭弘・日竎貞夫
県民性の日本地図　武光 誠
吉良上野介を弁護する　岳 真也
黄門さまと犬公方　山室恭子
倭 館　田代和生
高杉晋作　一坂太郎
白虎隊　中村彰彦
新選組紀行　中村彰彦・神長文夫
岩倉使節団という冒険　泉 三郎
海江田信義の幕末維新　東郷尚武
福沢諭吉の真実　平山 洋
三遊亭圓朝の明治　矢野誠一

渋沢家三代　佐野眞一
鎮魂 吉田満とその時代　粕谷一希
大正デモグラフィ　速水 融・小嶋美代子
旧制高校物語　秦 郁彦
守衛長の見た帝国議会　渡邉行男
日本を滅ぼした国防方針　黒野 耐
ハル・ノートを書いた男　須藤眞志
昭和史の論点　坂本多加雄・秦 郁彦・半藤一利・保阪正康
昭和史の怪物たち　畠山 武
「昭和80年」戦後の読み方　中曾根康弘・西部 邁・松井孝典・松本健一
二十世紀日本の戦争　阿川弘之・猪瀬直樹・中西輝政・秦 郁彦・福田和也
日本兵捕虜は何をしゃべったか　山本武利
幻の終戦工作　竹内修司
ベ平連と脱走米兵　阿奈井文彦
竹島は日韓どちらのものか　下條正男
史実を歩く　吉村 昭
手紙のなかの日本人　半藤一利
伝書鳩　黒岩比佐子

＊

歴史人口学で見た日本　速水　融
閨閥の日本史　中嶋繁雄
名前の日本史　紀田順一郎
骨肉　父と息子の日本史　森下賢一
名歌で読む日本の歴史　松崎哲久
名字と日本人　武光　誠
日本の童貞　渋谷知美
日本の偽書　藤原　明
明治・大正・昭和　30の「真実」　三代史研究会
明治・大正・昭和史　話のたね100　三代史研究会
真説の日本史　365日事典　楠木誠一郎
日本文明77の鍵　梅棹忠夫編著
黒枠広告物語　舟越健之輔

◆政治の世界

政官攻防史　金子仁洋
連立政権　草野　厚
代議士のつくられ方　朴　喆熙
農林族　中村靖彦
牛肉と政治　不安の構図　中村靖彦
Eポリティックス　横江公美
日本のインテリジェンス機関　大森義夫
首相官邸　江田憲司　龍崎　孝
永田町「悪魔の辞典」　伊藤惇夫
知事が日本を変える　浅野史郎　北川正恭　橋本大二郎
総理大臣とメディア　石澤靖治
田中角栄失脚　塩田　潮
政治家の生き方　古川隆久
昭和の代議士　楠　精一郎

＊

日本国憲法を考える　西　修
日本の司法文化　佐々木知子
司法改革　浜辺陽一郎
憲法の常識　常識の憲法　百地　章
アメリカ政治の現場から　渡辺将人
駐日アメリカ大使　池井　優
非米同盟　田中　宇
第五の権力　アメリカのシンクタンク　横江公美
CIA　失敗の研究　落合浩太郎
道路公団解体プラン　加藤秀樹と構想日本
密約外交　中馬清福
癒しの楽器　パイプオルガンと政治　草野　厚
常識「日本の安全保障」　『日本の論点』編集部編
拒否できない日本　関岡英之

文春新書好評既刊

藤井淑禎
清張ミステリーと昭和三十年代

日本が大きく変貌した高度成長期と松本清張。この両者の出会いで花開いたのが「社会派」と称される新たなジャンルのミステリーだった

033

山本夏彦
誰か「戦前」を知らないか
夏彦迷惑問答

活動写真、牛鍋、洋行……〝ついこの間〟の戦前も、もはや遠くなったのか。笑いのうちにも見えてくる、平成日本人が失ったもの

064

坂本多加雄・秦郁彦・半藤一利・保阪正康
昭和史の論点

日本は進路を誤ったのか。戦前は「暗黒」だったのか。ワシントン体制から戦争責任まで、現在にまで尾をひく諸問題を徹底討論する

092

原 武史・保阪正康
対論 昭和天皇

軍部や弟宮との関係、自ら詠んだ和歌、植民地統治のあり方、声や挙動、そして帝王学――現代史を体現する昭和天皇の実像に迫る！

403

中曾根康弘・西部邁・松井孝典・松本健一
「昭和80年」戦後の読み方

国際社会との関係や新憲法など、新たな国家ビジョンを描くには近代史への検証が不可欠だ。現代の四賢人が多角的に徹底討議する！

458

文藝春秋刊